Workbook
to accompany

Deutsch: Na klar!

Workbook
to accompany

Deutsch: Na klar!
An Introductory German Course

Sixth Edition

Jeanine Briggs

Di Donato ▪ Clyde ▪ Vansant

Mc Graw Hill
Connect
Learn
Succeed™

ISBN: 978-0-07-737852-3
MHID: 0-07-737852-0

Vice President and Editor in Chief: *Michael Ryan*
Editorial Director: *William R. Glass*
Director of Development: *Scott Tinetti*
Developmental Editor: *Paul Listen*
Executive Marketing Manager: *Hector Alvero*
Faculty Development Manager: *Jorge Arbujas*
Editorial Coordinator: *Laura Chiriboga*
Text Permissions Editor: *Veronica Oliva*
Production Editors *Charlene Locke and Brett Coker*
Production Service: *The Left Coast Group, Inc.*
Photo Researcher: *Emily Tietz*
Buyer: *Sherry Kane*
Media Project Manager: *Thomas Brierly*
Composition: *10/12 Palatino by Aptara®, Inc.*
Printing: *45# New Era Matte by Quad/Graphics*

www.mhhe.com

Contents

Preface

The *Workbook to accompany **Deutsch: Na klar!** Sixth Edition* includes an **Einführung** plus fourteen chapters, all correlating with the main text to offer written practice of vocabulary and grammar, additional reading materials and activities, and special activities to develop thinking and writing skills in German. Art, maps, realia, and various graphics enhance the learning process throughout the *Workbook*. Whenever appropriate, a **Landeskunde-Info** or **Sprach-Info** feature explains curiosities or points of interest in the realia.

How the Workbook Corresponds to the Main Text

Alles klar? utilizes the opening photo from the main text to start developing the chapter theme. The accompanying activity engages students in a visual reading of the image using familiar vocabulary.

Wörter im Kontext follows the order of the **Themen** in the main text. Section by section, it helps students comprehend, acquire, and practice the chapter vocabulary.

Wortraum, an exclusive feature of the *Workbook*, allows students a space in each chapter—always following the **Wörter im Kontext**—in which they can choose and apply chapter vocabulary items of personal interest.

Grammatik im Kontext follows the sequence of grammar presentations from the main text. It features written exercises that focus on the understanding, practice, manipulation, and application of grammatical forms and structures.

Sprache im Kontext offers authentic texts for additional reading practice. As in the main text, a skimming and/or scanning activity introduces the general idea of the reading, and a follow-up activity focuses more intently on language and context. In order to develop specific writing skills, some chapters offer a subsequent writing activity, so that students can respond to the general theme of the reading or personalize some aspect of it through writing.

Na klar!, an exclusive feature of the *Workbook*, once again calls students' attention to the entire context or some detail of the opening photo of the main text. Through this second look, students can experience a sense of satisfaction and progress, as they comfortably apply newly acquired vocabulary and grammar in an engaging activity.

Journal, a familiar feature of the *Workbook*, offers guidelines, suggestions, questions, and a variety of prewriting techniques that enable students to think about a topic and to conjure up ideas and vocabulary items without needing to turn to the main text or to a dictionary for help. The goal is for students to write freely and comfortably, applying the skills and knowledge of the language they have acquired up to any given point—without the fear of making mistakes. (Please see *To the Student* and *To the Instructor* in this preface for further explanation of journal writing and for suggestions for responding to the journal entries.)

Improvements in the Sixth Edition

- New or updated grammar exercises in many chapters ensure a firmer foundation on which to build thinking, speaking, reading, and writing skills in German.
- New realia, visuals, and texts offer fresh material while retaining the strengths of past editions.
- Many **Journal** activities offer more guided writing practice.
- The *Workbook* has been revised to adhere to the latest official spelling rules and Duden recommendations.

To the Student

Wortraum: This is the space and location where you can identify, work out, and practice your own vocabulary interests and needs. Feel free to annotate the margins and attach additional cards or sheets of notes to the pages, anything that works for you in your accumulation of vocabulary.

Complete and incomplete answers: Some exercises call for a short answer (**eine kurze Antwort**), others may require complete sentences (**vollständige Sätze**), depending on whether the focus is on the expression of information within a key grammar point or on the broader context within the constructions and patterns of German sentences.

Writing space: Blank lines or space for writing are offered in the *Workbook*. Whenever an activity requires a separate sheet of paper, you will see this icon:

Answer key: At the end of the *Workbook* you will find answers to all exercises except those that call for your personal, individual response or for which many different ways of responding correctly are possible. The key works most effectively if you use it only as a check, after you have completed an assignment. In this way, you can identify for yourself areas that you need to review.

Alles klar? and Na klar! sections: As you complete each **Na klar!** section, take a moment to return to the **Alles klar?** section at the beginning of the chapter. Congratulate yourself on your language-learning progress!

Journal: For this section of the *Workbook*, you will need a notebook of your own choosing, one that you feel comfortable with and that you can use exclusively for journal writing in German.

The prewriting techniques help you think in German and organize your thoughts before you begin writing. Apply these techniques in whatever way works best for you and annotate the *Workbook* pages freely: check and/or cross out items; modify and personalize phrases; choose and expand ideas you want to include; jot down short answers to applicable questions; reorder information according to your own approach to the subject matter.

You have three choices as you approach each journal entry: 1) write from your own personal perspective; 2) write in the third person about a friend, family member, celebrity, or a fictitious character; 3) write in the first person about a German-speaking persona that you take on and develop as your own. You can stick with one viewpoint through the entire course or switch viewpoints chapter to chapter.

The journal will help you feel comfortable thinking and writing in German. Therefore, set aside a quiet time for writing in your notebook. Express yourself freely and at length. Take risks. Don't worry about making mistakes; instead, consider errors in your journal entries a natural part of the language-learning process. By the end of the course, you will have completed fifteen journal entries. By comparing early entries with later ones, you will see your dramatic progress for yourself—and, if you wish, you can then catch and correct your own errors in spelling or grammar. Feel free to personalize your journal entries with drawings, diagrams, mementos, photos, or images from magazines—and add captions to these illustrations.

In addition to the enjoyment of personal expression through your journal entries, you will have the satisfaction of communicating with others through written German and of receiving a positive response from your instructor—or, possibly, from another member of your class. If you exchange notebooks, you will enjoy reading, understanding, and responding in written German expressions to someone else's entry.

To the Instructor

Spelling and grammar: Encourage students to find and correct their own errors. Because students can check their responses to all single-response activities against the answer key, you can focus on responding to open-ended and creative writing activities.

Responses to creative writing: Make corrections and write comments neatly and in handwriting that students can readily decipher. Give feedback in the margins, at the beginning or end of a paper, or on a clean slip of paper attached to the student's work.

Rewriting: From time to time, ask students to rewrite and fully develop a piece of creative writing. Feedback from you and/or from others in the class will help in this process: What questions does the writing evoke? What areas are unclear? What details could be added? What needs further explanation? What begs for more description? Or, what should be omitted? Try to keep feedback in German, however simple.

Responses to journal entries: See previous sections of this preface for explanations of the journal. Students will write in a separate notebook of their own choosing. Avoid marking spelling or grammar errors in the journals. Instead, give students the satisfaction of knowing they have conveyed meaning through written German. At the end of every journal entry, write a response in simple German: questions to indicate your interest in the subject, positive comments, experiences or ideas that a student's writing may have evoked, or whatever else comes to mind. Your written comments will validate the communicative process. If your class feels comfortable sharing their journals with others, you might have students read and respond to one another's entries once they have acquired some vocabulary and techniques.

Acknowledgments

Many thanks to the following people for contributing their time, talents, and effort to the success of this *Workbook:* To Robert Di Donato, Monica Clyde, and Marie Deer, whose input and suggestions for this and previous editions have greatly enriched the materials; to Paul Listen for his outstanding editorial work, suggestions, and input; to Marie Deer for her excellent copyediting skills; to Daniela Gibson, whose thoughtful feedback during editorial development helped ensure linguistic and cultural authenticity; to Veronica Oliva, who obtained permission to reprint the authentic materials; to Wolfgang Horsch, George Ulrich, Irene Benison, Anne Eldredge, Kevin Berry, Brandon Carson, and Teresa Roberts for their captivating illustrations; and to the entire World Languages team at McGraw-Hill, including Susan Blatty, Scott Tinetti, Hector Alvero, Charlene Locke, Brett Coker, and William R. Glass.

Einführung

Hallo! Guten Tag! Herzlich willkommen!

Aktivität 1 Alles klar?

Two college friends greet each other. Cross out the only phrase that would not be appropriate in that situation.

1. Hallo!
2. Guten Tag!
3. Herzlich willkommen!
4. Tag!
5. Grüß dich!
6. Guten Appetit!
7. Geht's gut?
8. Guten Morgen!

Aktivität 2 Willkommen in Deutschland!

A chef in Germany welcomes two North American students to his culinary class. Write the missing **words to complete the greetings.**

HERR LANG: Hallo! _____ Name ist Peter Lang. _____ ist Ihr Name bitte?

FRAU WALL: Guten Tag, Herr Lang. Ich _____ Carolyn Wall.

HERR LANG: _____ mich, Frau Wall. Und _____ kommen Sie?

FRAU WALL: Ich _____ aus Chicago.

HERR LANG: Ah ja, Chicago … Und Sie? Wie _____ Sie, bitte?

HERR GRAY: Ich heiße Jonathan Gray, und ich komme aus Vancouver.

HERR LANG: Nun, herzlich _____ in Deutschland!

Wie schreibt man das?

Aktivität 3 Wie, bitte?

The first letter of each word is correct. Unscramble the remaining letters and write the correctly spelled expressions. For practice, spell each expression aloud in German; then say each expression aloud with appropriate intonation.

A: Getnu Abdne!   _Guten Abend!_ _____

B: Gßür dhic!   _____

C: Dknae sönhc!   _____

D: Btiet shre!   _____

E: Ihc hieeß Eav.   _____

F: Ftreu mhci!   _____

G: Afu Wheeesdirne!   _____

H: Thücsss!   _____

Hallo! — Mach's gut!

Aktivität 4 Situationen und Reaktionen

Suppose you are studying in Germany. Write an appropriate expression for each situation on the next page. Some situations have more than one possible response.

SPRACH-INFO

Notice the ending on the website address: **de** stands for **Deutschland.** Austrian addresses end in **at,** while Swiss addresses end in **ch** (*Confoederatio Helvetica,* Latin for *Swiss Confederation*).

HALLO... **Bitte.**

1. *You run into a friend on the street and ask how he or she is doing.*

   _____

2. *You say good night to your guest family in Germany just before going to your room.*

   _____

3. *You greet your colleague from Munich with an expression that is customary in southern Germany.*

   _____

4. *In the early afternoon you enter a small shop in a northern German city and greet the shopkeeper.*

   _____

5. *You enter your 9:00 A.M. German class and greet your professor.*

   _____

6. *You thank your roommate for a favor.*

   _____

7. *Your roommate acknowledges your comment.*

   _____

8. *You greet your friends in a coffeehouse.*

   _____

Na, wie geht's?

Aktivität 5   Wie geht es dir? Und dir? Und …

As part of his circus act, the clown asks the balloons how they are doing. Write an appropriate response. More than one answer may be possible in each situation.

CLOWN:	Ballon A, wie geht es dir?	A:	*Ausgezeichnet!* _____
	Und dir, Ballon B?	B:	_____
	Ballon C, wie geht's?	C:	_____
	Und dir, Ballon D?	D:	_____
	Na, Ballon E, wie geht's?	E:	_____
	Und endlich, Ballon F?	F:	_____

So zählt man auf Deutsch.

Aktivität 6   Nummern

Complete the dialogue by writing each digit as a word.

Bücherei am Münztor
Schongau

Blumenstr. 2

Telefon mit Anrufbeantworter
08861 - 9 37 86
Email buecherei_muenztor@web.de

HERR REUTER: Wie ist die Telefonnummer, bitte?

FRAU WENDT: Die Nummer ist _____, _____,

_____, _____, _____, –

_____, _____,

_____.

HERR REUTER: Und die Adresse?

FRAU WENDT: Blumenstraße _____.

LANDESKUNDE-INFO

Schongau is located in Bavaria. As with many old towns in Europe, a stone wall once surrounded the central area. Passage in and out of the town was through gated openings in the wall. The wall, or portions thereof, still defines the historical center. The **Münztor** is one of the gates in the wall at Schongau. Names of businesses and institutions often relate to location, in this case the **Bücherei** (*library*) **am Münztor**.

Aktivität 7 Teenager

The following teenagers introduce themselves. Write each age as a word to complete the information.

Emma Lippmann (17)   Johanna Vogt (19)
Luca Schwab (16)   Elias Zellmer (13)

1. Tag! Mein Name ist Emma. Ich bin _____. Ich komme
   aus Mainz.

2. Guten Tag! Mein Name ist Luca und ich bin _____. Ich
   komme aus Leipzig.

3. Grüß dich. Ich bin _____ und mein Name ist Johanna. Ich
   komme aus Salzburg.

4. Hallo! Ich komme aus Basel. Ich bin _____ und mein Name
   ist Elias.

Aktivität 8 Countdown

The fans are counting down the seconds to the end of an exciting soccer game. Supply the missing numbers.

FANS: _____, neunzehn,

_____,

siebzehn, sechzehn, _____,

_____, dreizehn,

_____,

_____,

_____, neun,

acht, _____,

_____, fünf,

vier, drei, _____, eins, null!

Aktivität 9 Paare

Write the numbers as words.

1. Herr Voß ist _____ (23),

   Frau Voß ist _____ (32).

2. Frau Kramer ist _____ (59),

   ihr (*her*) Vater ist _____ (95).

3. Frau Hübner ist _____ (67),

   Herr Hübner ist _____ (76).

4. Frau Bruhn ist _____ (84),

   ihr Sohn ist _____ (48).

Aktivität 10   Zahlen über hundert

> SPRACH-INFO
>
> In German as well as in English, large numbers normally appear as numerals rather than as words. However, when spelled out, a number in German is printed as one word, regardless of length.
>
> | | |
> |---|---|
> | 42 | zweiundvierzig |
> | 842 | achthundertzweiundvierzig |
> | 6 842 | sechstausendachthundertzweiundvierzig |

Write the numeral for each word.

1. einhundertzweiundsiebzig _____

2. dreihundertfünfundachtzig _____

3. fünfhundertneunundneunzig _____

4. zweitausendsiebenhundertsechs _____

Now write each number as a word.

5. 201 _____

6. 446 _____

7. 647 _____

8. 9 661 _____

Aktivität 11   Wie ist Ihre Adresse, bitte?

> SPRACH-INFO
>
> The address side of a German postcard normally includes four lines, with a space between the third and fourth lines. The word **Frau** or **Herrn** (accusative form) normally appears by itself on the first line. The name goes on the second line, the street address on the third line, and the postal code and city on the fourth line.

Mr. Schuster has just ordered a book from a bookstore. The bookseller fills out a postcard, which he will send to Mr. Schuster when the book arrives. Read the following dialogue; then address the postcard on the next page accordingly.

BUCHHÄNDLER:	Wie ist Ihr Name, bitte?
HERR SCHUSTER:	Georg Schuster.
BUCHHÄNDLER:	Und Ihre Adresse?
HERR SCHUSTER:	Poststraße zwanzig.
BUCHHÄNDLER:	Die Postleitzahl?
HERR SCHUSTER:	Sechs, neun, eins, eins, fünf.
BUCHHÄNDLER:	Und die Stadt?
HERR SCHUSTER:	Heidelberg.
BUCHHÄNDLER:	Danke, Herr Schuster.

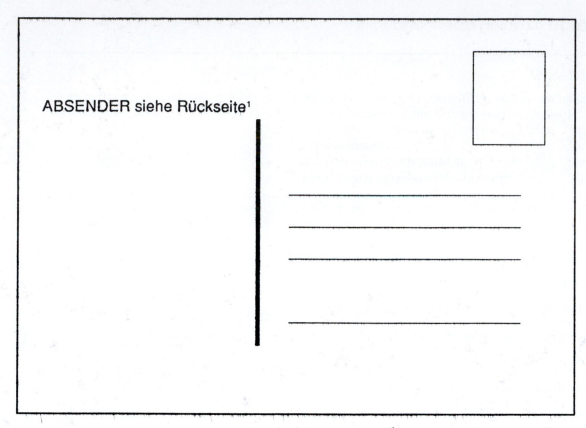

ABSENDER siehe Rückseite[1]

[1]RETURN ADDRESS see other side

Sie können schon etwas Deutsch!

Aktivität 12   Lernen plus!

Read through the ad. Then use German words from the ad to fill in the blanks.

[1]in particular

1. Institut auf dem Rosenberg **offers summer language courses**. Write the German word for that but **omit the two hyphens**. _____

2. The institute offers language classes in what two languages?

   a. _____   b. _____

3. The institute also offers intensive courses in what academic subject?

   _____

4. In addition to course work, students have an opportunity for *Spiel & Sport*. Name one of the three sports mentioned. _____

5. Write the German words that identify the following contact information.

   a. Patricia Bühler   *Name* _____

   b. Höhenweg   _____

   c. Höhenweg 60   _____

   d. 9000   _____

   e. St. Gallen   _____

   f. +41 71 277 77 77 - 79   _____

Aktivität 13   Wo spricht man was?

Some countries have one official language; others have more than one. Write the names of some countries that have the following official languages.

1. Dänisch: _____

2. Deutsch: _____

   _____

   _____

   _____

   _____

   _____

   _____

3. Französisch: _____

4. Polnisch: _____

5. Tschechisch: _____

Aktivität 14   Woher kommen Sie?

Write the German names of the countries that correspond to the following international abbreviations.

1. F _____

2. D _____

3. DK _____

4. FL _____

5. PL _____

6. CH _____

7. CZ _____

8. A _____

Volkswagen –
da weiß man, was man hat.

Danke schön, Europa.

Aktivität 15   Sie können schon etwas Deutsch schreiben.

You can already write some German. Write a brief note to another student. An example and suggested phrases are shown.

Hallo, Andrew, wie geht's? Prima? Na, mach's gut!

Beth

So lala?   Wie ist deine Telefonnummer?   Hallo!   Wiedersehen!

Prima?   Wie geht es dir?

Na, mach's gut!   Na, wie geht's?   Tschüss!   Grüß dich!

Nützliche Ausdrücke im Sprachkurs

Aktivität 16   Im Deutschkurs

Write an appropriate statement or question for each student, as suggested by the picture. More than one expression is possible.

[1]homework

STEFAN: _____

ANNA: _____

BRIGITTE: _____

THOMAS: _____

PETER: _____

KARIN: _____

Aktivität 17 Na klar!

Write a short dialogue to accompany the photo. Who speaks first? What does he/she say? How does the other person respond? What question(s) do they ask each other? What are the replies? Use expressions you have learned in this chapter.

_____

_____

_____

_____

_____

_____

_____

_____

_____

_____

Journal

Before you begin writing, please reread the section titled "To the Student" in the preface to this workbook, especially the paragraphs about journal writing.

Introduce yourself in your first journal entry. First, write the date in German style with day then month then year separated by periods (for example 21.9.2011). Offer an appropriate greeting, then offer some or all of the following information:

- Your name
- Where you are from
- Your e-maill address (**Meine E-Mail-Adresse ist ...**)
- Your street address and zip code (**Meine Adresse ist ... Meine Postleitzahl ist ...**)
- Your telephone number (**Meine Telefonnummer ist ...**)
- Two or more of your interests (**Meine Interessen sind** [*are*] **... und ...**)

Film	Sport	Internet	Yoga
Fotografieren	Tanz	Deutsch	Science Fiction
Literatur	Tennis	Politik	Philosophie
Musik	Theater	Astronomie	Biotechnologie

Kapitel

1

Das bin ich

Alles klar?

A. Imagine you approach these students and ask **Na, wie geht's?** Write an appropriate response to your question from each of the six people in the photo.

1. _____

2. _____

3. _____

4. _____

5. _____

6. _____

B. Check the adjectives that describe the six people in the photo on page 15 as they appear to you.

	freundlich	uninteressant	sportlich	unfreundlich	enthusiastisch	intelligent	pessimistisch	optimistisch	intolerant	extrovertiert	introvertiert
Person 1											
Person 2											
Person 3											
Person 4											
Person 5											
Person 6											

Wörter im Kontext

Thema 1

Persönliche Angaben

Aktivität 1 Wer bin ich?

Choose words from the box to complete the paragraph logically. Not all words will be used.

> aber   aus   geboren   Hochschullehrer
> arbeite   wohnen
>   Nachname
> groß   Beruf   Geburtsort
>   heiße   Postleitzahl   Vorname

Hallo! Ich _____ Martin Thomas. Martin ist mein

_____, und Thomas ist mein _____. Ich bin

_____ von Beruf. Ich _____ an der Freien

Universität. Meine Frau ist Architektin von _____. Ich bin in Hamburg

_____, _____ meine Frau und ich

_____ jetzt in Berlin. Wir finden alles hier sehr interessant.

Thema 2

Sich erkundigen

Aktivität 2   Wer ist sie?

Read the following paragraph; then extract information from it to complete the chart.

Hallo! Ich heiße Renate Menzel. Ich komme aus Österreich. Meine Geburtsstadt ist Linz. Ich bin 26 Jahre alt. Ich bin Studentin an der Universität Wien. Ich studiere Musik. Ich finde die Uni und die Stadt Wien wirklich faszinierend. Tanzen macht mir Spaß.

Vorname:	_____
Nachname:	_____
Geburtsort:	_____
Wohnort:	_____
Alter:	_____
Beruf:	_____
Hobby:	_____

Aktivität 3   Was fragt der Quizmaster? Was sagt der Kandidat?

Richard, an exchange student, answers the questions. Choose the appropriate verb and complete each question.

Q: Wie _____ Sie, bitte? (heißen / besuchen)

K: Richard Johnson.

Q: Woher _____ Sie? (tanzen / kommen)

K: Aus Phoenix.

Q: Was _____ Sie in Berlin? (machen / wohnen)

K: Fotografieren.

Q: Wie _____ Sie die Stadt? (finden / kochen)

K: Sehr interessant.

Q: Wie lange _____ Sie in Deutschland? (sagen / bleiben)

K: Ein Jahr.

Q: Was _____ Sie von Beruf? (sind / kommen)

K: Ich bin Student.

Q: Was _____ Sie denn an der Uni? (reisen / studieren)

K: Informatik.

Q: _____ Sie gern im Internet? (Surfen / Wandern)

K: Ja, natürlich.

Q: _____ Sie Deutsch am Sprachinstitut? (Arbeiten / Lernen)

K: Ja, seit September.

Q: Na, viel Glück.

Thema 3
Eigenschaften und Interessen

Aktivität 4   Sonja und Sofie

Sonja's roommate Sofie is her opposite in every way. Complete Sonja's description of her.

1. Ich bin faul, Sofie ist _____.

2. Sofie ist _____, ich bin unpraktisch.

3. Ich bin sympathisch, Sofie ist _____.

4. Sofie ist _____, ich bin freundlich.

5. Ich bin progressiv, Sofie ist _____.

6. Sofie ist _____, ich bin langweilig.

Aktivität 5   Eigenschaften und Berufe

A. Cross out the least desirable characteristic for each profession.

1.	Astronaut/Astronautin:	ernst	intelligent	unpraktisch
2.	Diskjockey:	dynamisch	ruhig	lustig
3.	Architekt/Architektin:	fleißig	praktisch	chaotisch
4.	Komiker/Komikerin:	lustig	langweilig	exzentrisch
5.	Politiker/Politikerin:	sympathisch	ernst	indiskret
6.	Professor/Professorin:	intolerant	nett	fleißig
7.	Journalist/Journalistin:	ernst	uninteressant	praktisch
8.	Student/Studentin:	faul	fleißig	tolerant

B. Now use any three of the preceding adjectives and write a sentence to describe yourself.

_____

_____

SPRACH-INFO

German does not use a comma before **und** with a series of three or more elements.

   Hans-Jürgen ist fleißig, ernst und praktisch.

Aktivität 6   Was macht Spaß?

What does each person like to do? State that the activity is fun.

BEISPIEL: Mia surft gern im Internet. →
             Im Internet surfen macht Spaß.

1.   Simon kocht gern.

   _____

2.   Felix reist gern.

   _____

3.   Hanna wandert gern.

   _____

4.   Lara tanzt gern.

   _____

5.   Julian spielt gern Karten.

   _____

Aktivität 7 Was machen Sie gern? Ich ... gern.

Write three sentences in which you state what you like to do. Choose from the following verbs or verbal phrases.

koche   surfe ... im Internet   tanze   spiele ... Karten

reise   arbeite

wandere   lerne   lese   fahre

1. _____

2. _____

3. _____

NOTE TO STUDENT

Starting in **Kapitel 1,** a **Wortraum** activity appears at the end of the **Wörter im Kontext** section in every chapter. To do this activity, you are to pick words from the vocabulary presented in the corresponding section of the main text. Choose vocabulary that is important for you personally.

Wortraum

Choose at least ten words from the **Wortschatz** that reflect something of who you are, what you are like, and/or what you do. Write them in the space below.

_____   _____

_____   _____

_____   _____

_____   _____

_____   _____

Grammatik im Kontext

Nouns, Gender, and Definite Articles

Übung 1 Fragen

Write the definite articles to complete the questions.

Personen

1. Woher kommt _____ Freundin von Hans?

2. Wie heißt _____ Mann aus Bochum?

3. Wer ist _____ Studentin aus Österreich?

4. Wie heißt _____ Amerikaner?

5. Ist _____ Professorin tolerant und sympathisch?

Dinge

6. Ist _____ Zeitung hier?

7. Ist _____ Buch interessant?

8. Ist _____ Essen exotisch?

9. Wo ist _____ Telefonbuch?

Orte

10. Wie groß ist _____ Universität?

11. Ist Bonn wirklich _____ Geburtsort von Beethoven?

12. Wie heißt _____ Wohnort von Hans?

Personal Pronouns

Übung 2 Mann und Frau

Complete the exchanges with **der, die, er,** and **sie** in the appropriate places.

A: Ist _____ Amerikanerin freundlich?

B: Ja, _____ ist sehr freundlich.

C: Wohnt _____ Hochschullehrer in Augsburg?

D: _____ wohnt in Flensburg. _____ Hochschullehrerin wohnt in Augsburg.

E: Ist _____ Professorin kritisch?

F: Nein, _____ ist nicht kritisch. _____ Professor ist auch unkritisch.

G: Wie lange bleibt _____ Student hier in Bern?

H: _____ bleibt ein Jahr als Student hier.

I: Findet _____ Studentin das Land interessant?

J: Ja, _____ findet es wirklich interessant.

Übung 3 Ja, …

Complete the following mini-exchanges with the missing articles and personal pronouns.

A: Ist _____ Praktikum interessant?

B: Ja, _____ ist faszinierend.

C: Ist _____ Universität von Wien alt?

D: Ja, _____ ist wirklich alt.

E: Ist _____ Beruf stressig?

F: Ja, _____ ist oft stressig.

G: Ist _____ Stadt romantisch?

H: Ja, _____ ist sehr romantisch.

I: Ist _____ Professorin nett?

J: Ja, _____ ist echt nett.

The Verb: Infinitive and Present Tense
Use of the Present Tense

Übung 4 Wer ist der Kandidat?

Use the correct verb forms to complete the questions.

1. Wie _____ der Kandidat? (heißen)

2. Was _____ er von Beruf? (sein)

3. Wo _____ er? (arbeiten)

4. Woher _____ er? (kommen)

5. Wo _____ er jetzt? (wohnen)

6. Wie _____ er Deutschland? (finden)

7. _____ er oft SMS? (schicken)

8. _____ er im Sommer? (wandern)

9. _____ er Englisch? (lernen)

10. _____ er oft? (reisen)

The Verb **sein**

Übung 5   Wer sind sie?

Complete the following dialogue with the correct forms of **sein.**

SOFIE: Mein Name _____ Sofie. _____ du Peter?

PETER: Ja, und das _____ Alex und Andreas. Alex _____

Amerikaner, und Andreas _____ Österreicher.

SOFIE: _____ ihr alle neu in Freiburg?

ANDREAS: Alex und ich _____ neu hier. Peter, _____ du auch neu
hier?

PETER: Nein, ich _____ schon (*already*) ein Jahr in Freiburg.

SOFIE: Wie findest du Freiburg, Peter?

PETER: Das Land und die Stadt _____ faszinierend. Die Uni

_____ auch wirklich interessant.

SOFIE: Woher kommst du denn?

PETER: Ich komme aus Liverpool. Ich _____ Engländer.

Word Order in Sentences

Übung 6   Minidialoge

Write a response to each question. Begin with the word or phrase in parentheses.

A: Herr und Frau Braun, wann fahren Sie nach Kiel? (morgen [*tomorrow*])

B: *Morgen fahren wir nach Kiel.* _____

C: Thomas und Sabine, wann geht ihr tanzen? (heute Abend)

D: _____

E: Susanne, wann besuchst du Wien? (nächstes Jahr)

F: _____

G: Wann kommt Matthias? (heute)

H: _____

I: Wann spielen Maria und Adam Karten? (jetzt)

J: _____

Asking Questions

Übung 7 Interview

Interview the mystery woman and man. Write the question that each sentence answers. Use **du.**

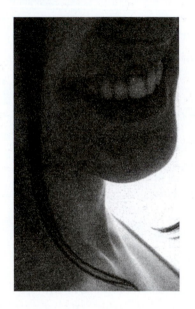 

DIE FRAU

1. Q: *Wie heißt du?* _____

   A: Ich heiße Monika.

2. Q: _____

   A: Ich komme aus Düsseldorf.

3. Q: _____

   A: Ich bin dreiundzwanzig Jahre alt.

4. Q: _____

   A: Ja, ich bin Studentin.

5. Q: _____

   A: Ich studiere Chemie.

DER MANN

6. Q: _____

   A: Ich heiße Robert.

7. Q: _____

A: Ich wohne jetzt in Dresden.

8. Q: _____

A: Ich finde die Stadt echt interessant.

9. Q: _____

A: Ich bin Webdesigner von Beruf.

10. Q: _____

A: Nein, ich reise nicht oft.

Übung 8 Wer sind sie?

Answer the following questions about the mystery woman and man. Use the information from **Übung 7.**

DIE FRAU

1. Wie heißt sie?

_____

2. Woher kommt sie?

_____

3. Wie alt ist sie?

_____

4. Ist sie Studentin?

_____

5. Was studiert sie?

_____

DER MANN

6. Wie heißt er?

_____

7. Wo wohnt er jetzt?

_____

8. Wie findet er die Stadt?

_____

9. Was ist er von Beruf?

_____

10. Reist er oft?

_____

Sprache im Kontext

Lesen

derStandard.at

STANDARD-Leserinnen
beweisen Haltung.

DI [1]Dr. Kim Meyer-Cech, Universität für Bodenkultur Wien, [2]Yogalehrerin:
Wer das Lesen des STANDARD regelmäßig praktiziert, erfährt schon bald die
wohltuende Wirkung auf Geist und Seele: ein vorher nicht gekanntes Gefühl des
Wissens, geistige Klarheit und Entspannung.

Jetzt 4 Wochen gratis lesen: 0810 / 20 30 40

DER STANDARD

Die Zeitung für Leser

[1]Diplom-Ingenieurin *graduate engineer*   [2]Universität ... *University of Natural
Resources and Applied Life Sciences, Vienna*

A. The image and text of the ad suggest an equation between a product and a discipline. What do you notice at first glance?

1. Die Frau macht …
   a. Kreuzworträtsel.   b. ein Examen.   c. Yoga.   d. Musik.
2. Die Anzeige (*ad*) ist für …
   a. einen Yoga-Kurs.   b. eine Zeitung.   c. ein Magazin.   d. eine Universität.

SPRACH-INFO

In German, many nouns for people derive from verbs; the ending **-er** replaces the infinitive ending **-en**. For example, the noun **Besucher** (*visitor*) comes from the verb **besuchen** (*to visit*). Knowing this, can you guess what the noun **Leser** means? It occurs twice in the advertisement, once in the feminine plural and once in the masculine plural. Find and circle these two words.

B. Scan the ad for answers to the following questions. (Don't expect to understand everything in the ad. Just focus on finding answers to the questions.)

1. Wie heißt die Frau? _____

2. Wie heißt die Universität, wo sie arbeitet? _____

   _____

3. Was ist sie von Beruf? _____

4. Wie heißt die Zeitung? _____

C. The ad equates the practice of yoga with newspaper reading. The young woman says she practices yoga regularly because it's good for the mind and soul. Yoga brings knowledge (**Wissen**), clarity (**Klarheit**), and relaxation (**Entspannung**). Reading the *Standard* gives her similar results. Check **JA** or **NEIN** for each statement as it applies to you personally.

		JA	NEIN
1.	Ich praktiziere Yoga.	☐	☐
2.	Ich lese Zeitung.	☐	☐
3.	Zeitung lesen bringt …		
	a. Wissen.	☐	☐
	b. Klarheit.	☐	☐
	c. Entspannung.	☐	☐

D. Notice the woman's pose and read the sentence next to her: **STANDARD-Leserinnen beweisen Haltung.** The phrase **beweisen Haltung** can be translated in a number of different ways. Which of the following equivalents—all possible—do you personally find most effective for selling newspapers?

Readers of the *Standard* . . .

a. keep their composure.   d. show style.
b. show attitude.   e. prove their concentration.
c. maintain their posture.   f. _____.

E. How would you describe the woman in the ad? Write a complete sentence alongside each question.

a. Wie heißt sie? _____

b. Woher kommt sie? _____

c. Was ist sie von Beruf? _____

d. Wie ist sie? (Welche [*which*] Eigenschaften hat sie?) _____

_____

_____

_____

e. Was macht sie? (Was sind ihre Hobbys und Interessen?) _____

_____

_____

_____

Na klar!

Look at the six people in the photo. Choose one of them to introduce to a classmate. Offer your classmate a full written description. Consider the following questions.

- Name (Vorname, Nachname): Wie heißt er/sie?
- Wie alt ist er/sie?
- Wie groß ist er/sie?
- Eigenschaften: Wie ist er/sie? (drei Adjektive)
- Geburtsort: Woher kommt er/sie?

- Adresse: Wo wohnt er/sie jetzt?
- Universität: Wo studiert er/sie?
- Was ist er/sie von Beruf?
- Macht er/sie ein Praktikum? Wo?
- Hobbys: Was macht er/sie? (drei Verben oder Aktivitäten)

Journal

Write as much as you can about yourself. If you wish, attach a photo or create a photo montage or drawing of yourself showing your interests and what they mean to you. In the ad for the German publishing company Goldmann, for example, reading takes the woman on adventures to exotic places.

Wer bin ich?

- your name

- your age

- where you are from

- where you live now

- how you find the city you live in (i.e., how you like it)

- your profession or occupation

- what you study

- what language(s) you are learning

- your characteristics

- what you like to do

- what you find fun and/or interesting

Alternative: For each of your journal entries, including the one for this chapter and from here on, you may choose to write about someone else: a fictitious person, a character from a book or a movie, a celebrity, or your German persona, if you have chosen a German name in your class and wish to develop the image. You may always choose to write about yourself, or you may vary your entries from one chapter to the next.

Kapitel
2

Wie ich wohne

Alles klar?

Look at the photo and choose the most likely answers to the questions.

1. Was ist dieser Mann von Beruf? Er ist _____.
   a. Journalist
   b. Hochschullehrer
   c. Student
   d. Professor

2. Was macht er jetzt? Er _____.
   a. macht Kreuzworträtsel
   b. surft im Internet
   c. telefoniert
   d. liest Anzeigen

3. Was sucht er? Er sucht _____.
   a. Essen
   b. ein Zimmer
   c. ein Hobby
   d. Karten

4. Welche Informationen braucht er? Er braucht _____

   oder _____.
   a. eine Telefonnummer
   b. eine Postleitzahl
   c. eine Universität
   d. eine E-Mail-Adresse

Wörter im Kontext

Thema 1
Auf Wohnungssuche

Aktivität 1 Was braucht Claudia?

Claudia needs a room, but her requirements are the exact opposite of those listed. Write the antonyms to the crossed-out words.

das Zimmer: ~~unmöbliert~~ _____

~~dunkel~~ _____

das Fenster: ~~klein~~ _____

die Miete: ~~hoch~~ _____

~~teuer~~ _____

das Bett: ~~unbequem~~ _____

Aktivität 2 Wo machen Herr und Frau Steinberger was?

Mr. and Mrs. Steinberger are giving you a tour of their new house. Write the names of the rooms or spaces they are describing.

1. Hier schlafen wir.   *das Schlafzimmer* _____

2. Hier kochen wir. _____

3. Hier essen wir abends. _____

4. Hier arbeiten wir. _____

5. Hier baden wir. _____

6. Hier nehmen wir Sonnenbäder. _____

7. Hier pflanzen wir unsere Rosen. _____

8. Hier steht das Auto. _____

Aktivität 3   Wo und wie wohnen sie?

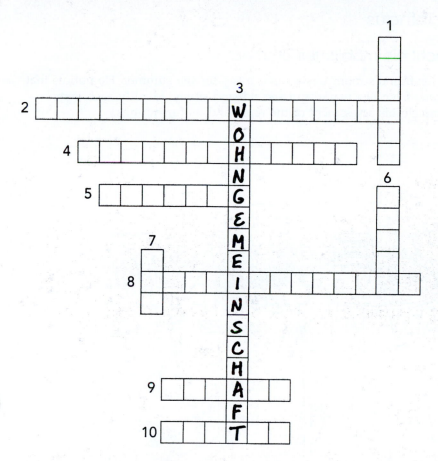

- Richard ist neu in Mainz, und er hat nicht viel Geld. Er braucht dringend ein _____.[1]

- Jakob ist Student in Freiburg. Er hat ein Zimmer in einem großen _____.[2]

- Marianne wohnt in einem Haus mit fünf anderen jungen Männern und Frauen. Sie wohnen alle in einer _Wohngemeinschaft_ .[3]

- Wiebke wohnt mit Katrin zusammen. Katrin ist Wiebkes _____.[4]

- Renate hat schon ein großes Zimmer. Sie sucht jetzt eine Zwei- oder Dreizimmer_____.[5]

- Volker wohnt und arbeitet in seiner Wohnung. Die Wohnung hat eine _____,[6] ein _____,[7] ein Schlafzimmer, ein Wohnzimmer und auch ein _____.[8]

- Elisabeth wohnt in einem Haus. Das Haus hat eine _____[9] fürs Auto. Das Haus hat auch einen _____[10] mit Gras, Rosen und Chrysanthemen.

Thema 2

Auf Möbelsuche im Kaufhaus

Aktivität 4 Thomas braucht ein möbliertes Zimmer.

Thomas is thinking of subletting his friend's room while she is away for the summer. He notices that the furnishings appear to have come from flea markets or secondhand stores. Identify each item (definite article plus noun) to complete his assessment of the room and its furnishings.

BEISPIEL: _Das Zimmer_____ ist möbliert und nicht zu klein.

1. _____ ist bequem.

2. _____ ist unbequem.

3. _____ ist klein und alt.

4. _____ ist nicht modern.

5. _____ ist viel zu klein.

6. _____ ist nicht schön.

7. _____ geht nicht.

8. _____ ist nicht so toll.

9. _____ ist nicht zu groß.

Aktivität 5 Der Umzug

David is moving out of his parents' house and taking inventory to decide what he wants to take with him and what he wants to get rid of. Write the German nouns with definite articles.

1. *poster:* _____

2. *bookcase:* _____

3. *desk:* _____

4. *computer:* _____

5. *telephone:* _____

6. *DVD player:* _____

7. *stereo:* _____

8. *CD player:* _____

9. *rug:* _____

10. *houseplant:* _____

Thema 3

Was wir gern machen

Aktivität 6 Was macht Paula heute?

Paula has outlined her day. Write in the appropriate verbs to complete the list on the next page.

arbeiten   schlafen   laufen

essen   hören

gehen   kochen

fahren   lesen   schreiben

trinken

HEUTE:

1. Zeitung ___lesen_____

2. Toast mit Butter _____

3. Kaffee _____

4. Fahrrad _____

5. im Büro (*office*) _____

6. Briefe (*letters*) _____

7. im Park _____

8. Spaghetti _____

9. Radio _____

10. ins Bett _____

11. _____ und träumen (*dream*).

Aktivität 7   Was macht Spaß? Was machen Sie gern?

Choose three activities that you like. Use two different expressions to state that you enjoy these activities.

BEISPIEL: Deutsch lernen macht Spaß.
            Ich lerne gern Deutsch.

arbeiten	Radio hören	schwimmen
Auto fahren	reisen	wandern
Deutsch lernen	SMS schicken	lesen
Fahrrad fahren	schreiben	
Freunde besuchen	Schuhe kaufen	

1. _____

_____

2. _____

_____

3. _____

_____

Wortraum

A. Choose one of the following suggestions to fill the space below.

   1. **Worthaus:** Create a floor plan of a house, using only words to show the location of rooms and spaces.

   2. **Wortzimmer:** Create a diagram of a room, using only words to indicate the location of furniture and other items.

B. Write sentences near appropriate words in your plan or diagram above to indicate that this is where you do certain activities. Use some or all of the following verbs in this pattern: **Hier ... ich.** Verbs: **arbeiten, besuchen, Computerspiele spielen, essen, Karten spielen, kochen, lernen, lesen, Radio hören, schlafen, tanzen, telefonieren.**

Grammatik im Kontext

The Verb *haben*

Übung 1   Was „haben" die Menschen?

Use each set of words in a complete sentence with the correct form of **haben**.

BEISPIEL: die Freunde / Hunger: → Die Freunde haben Hunger.

1. wir / Durst: _____

2. ihr / Geld: _____

3. Claudia / Uwe gern: _____

4. ich / keine Lust: _____

5. du / recht: _____

6. der Verkäufer / Zeit: _____

The Nominative and Accusative Cases
The Indefinite Article: Nominative and Accusative

Übung 2   Im Kaufhaus: Was fragt die Verkäuferin?
          Was sagt der Kunde?

Write brief exchanges regarding the items in the picture. Follow the example in number 1 on the next page.

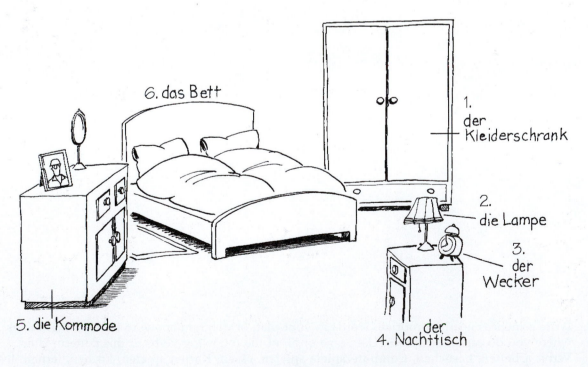

1. V: *Hier ist ein Kleiderschrank.* _____

    Brauchen Sie einen Kleiderschrank? _____

   K: *Nein. Einen Kleiderschrank habe ich schon.* _____

2. V: _____

    _____

   K: _____

3. V: _____

    _____

   K: _____

4. V: _____

    _____

   K: _____

    _____

5. V: _____

    _____

   K: _____

6. V: _____

    _____

   K: _____

The Definite Article: Nominative and Accusative

Übung 3   Im Möbelgeschäft

The salesperson in a furniture store asks a customer several questions. Supply the definite articles.

1. Ist _____ Esstisch zu groß?

2. Sind _____ Stühle zu teuer?

3. Ist _____ Bett zu klein?

4. Ist _____ Sessel bequem?

5. Wie finden Sie _____ Bett, _____ Nachttisch und _____ Lampe?

6. Finden Sie _____ Kleiderschrank, _____ Kommode und _____ Bücherregale preiswert?

7. Kaufen Sie _____ Sessel, _____ Sofa oder _____ Stühle?

8. Sehen Sie _____ Wand da drüben (*over there*)? Dort finden Sie _____ Teppiche.

Übung 4 Fragen und Antworten

Write out the brief exchanges indicated below. Use the correct form of each word or phrase.

BEISPIEL: A: Sehen / Sie / der Herr / da drüben?

B: Ja. / Der Herr / heißen / Jakob Klinger.

A: *Sehen Sie den Herrn da drüben?*

B: *Ja. Der Herr heißt Jakob Klinger.*

C: Sein / Herr Siegfried / hier?
D: Nein. / Ich / sehen / Herr Siegfried / nicht.

C: _____

D: _____

E: Der Student / heißen / Konrad.
F: Wie / sein / der Name / bitte?

E: _____

F: _____

G: Im Museum / sehen / wir / ein Mensch aus der Steinzeit (*stone age*).
H: Wie, bitte? / Woher / kommen / der Mensch?

G: _____

H: _____

I: Besuchen / du / oft / der Student aus Tokio?
J: Ja. / Ich / besuchen / auch / ein Student aus Hiroshima.

I: _____

J: _____

The der-Words dieser and welcher

Übung 5 Möbel

Complete the exchanges with the correct forms of **dieser** or **welcher**.

A: _____ Sessel ist wirklich bequem.

B: _____ Sessel findest du so bequem?

C: Ich nehme _____ Wecker.

D: Wie, bitte? _____ Wecker nehmen Sie?

E: _____ DVD-Spieler kaufst du?

F: Vielleicht kaufe ich _____ [DVD-Spieler] hier.

G: _____ Couchtisch ist wirklich schön.

H: Um, ich finde _____ Tisch ganz interessant aber nicht schön.

I: _____ Bett, _____ Schreibtisch und _____ Stuhl sind recht preiswert.

J: Ja, aber ich finde _____ Möbel hässlich.

K: _____ Möbel findest du denn schön?

Negation: *nicht* and *kein*

Übung 6   Was sie nicht haben, was sie nicht brauchen

Mr. and Mrs. Klug have just moved into a new apartment. Use the correct form of **kein** to complete the lists of what they don't have and what they don't need.

WIR HABEN	WIR BRAUCHEN
_____ Bett,	_____ Couchtisch,
_____ Computer,	_____ Teppich,
_____ Kommode,	_____ Uhr,
_____ Sessel und	_____ Radio und
_____ Lampen.	_____ Regale.

Übung 7   Nein, …

Käthe has just found a room in Marbach, and her friend Richard asks her about it. Write a negative response to each question.

> BEISPIELE: Ist das Zimmer möbliert? → Nein, es ist nicht möbliert.
> Ist das ein Problem? → Nein, das ist kein Problem.

1. Ist die Miete hoch?

   _____

2. Ist das Zimmer groß?

   _____

3. Brauchst du einen Sessel? (*Begin items 3–7: Nein, ich …*)

   _____

4. Hast du einen Schreibtisch?

   _____

5. Hast du Stühle?

   _____

6. Findest du das Zimmer schön?

   _____

7. Suchst du eine Wohnung?

   _____

Verbs with Stem-Vowel Changes

Übung 8   Herr Reiner in Berlin

The slogan in the ad plays on the similarity between **ist** and **isst** (with the older spelling **ißt**). The restaurant is on the top floor of a tall building with a view of the city. The ad also suggests that "Berlin is tops." Write the correct form of each verb to complete the paragraph.

Herr Reiner aus Hannover _____ (fahren) nach

Berlin. Er_____ (wohnen) in einem eleganten

Hotel und _____ (schlafen) in einem bequemen

Bett. Heute _____ (trinken) er Kaffee und

_____ (lesen) die *Berliner Morgenpost.* Dann

_____ (finden) er einen Park und _____

(laufen). Übrigens _____ (haben) Herr Reiner

manchmal Hunger. Dann _____ (gehen) er ins

Restaurant i-Punkt zum Brunch-Buffet und _____

(essen) Berliner Spezialitäten. Das Restaurant i-Punkt

_____ (sein) ganz oben in der 20. Etage im

Europa-Center.

Übung 9   Wer sind Jonas und Steffi?

Before setting up an appointment to see the room for rent, you want more information about your two prospective roommates. Use the cues to write questions. Then refer to the flyer and write the answers, correcting any negative answers. Write **nicht genug Information** if the flyer does not provide the answer or a reasonable assumption.

> LANDESKUNDE-INFO
>
> Leutzsch is a district of Leipzig, a German city associated with music, literature, sports, film, and the famous **Leipziger Messe,** a trade fair that dates back nearly a thousand years.

BEISPIEL: sein / Jonas / 23 →

        F: Ist Jonas 23?

        A: Nein, er ist nicht 23. Er ist 26.

1. sein / Jonas und Steffi / nett

    F: _____

    A: _____

2. wohnen / Steffi / in Kiel

    F: _____

    A: _____

3. fahren / Steffi/ gern Fahrrad

    F: _____

    A: _____

4. lesen / Jonas / etwas

    F: _____

    A: _____

5. laufen / Jonas / gern

    F: _____

    A: _____

6. finden / Jonas / Politik / interessant

    F: _____

    A: _____

7. essen / Jonas / gern Pizza

F: _____

A: _____

8. schlafen / Steffi / lange

F: _____

A: _____

The Plural of Nouns

Übung 10   Menschen

A. Write the plural form of each word; include the definite article.

1. der Herr, _____

2. die Frau, _____

3. der Mann, _____

4. der Kunde, _____

5. der Freund, _____

6. die Mitbewohnerin, _____

7. der Student, _____

8. der Amerikaner, _____

9. die Kundin, _____

10. der Verkäufer, _____

11. die Mutter, _____

12. der Vater, _____

13. der Junge, _____

SPRACH-INFO

Just as the term "ladies and gentlemen" often replaces "men and women" in English, one often hears or reads *Damen und Herren* rather than *Frauen und Männer* in German. Signs on public restrooms typically use those terms. A speaker often addresses an audience with the phrase *Meine Damen und Herren!*

B. Now choose six of the preceding plural nouns and use each in a question with one of the following phrases.

   BEISPIEL: Hunger haben → Haben die Studenten Hunger?

1. heute schwimmen

_____

2. in Bern bleiben

_____

3. Handys kaufen

_____

4. Radio hören

_____

5. gern schwimmen

_____

6. wieder schlafen

_____

Übung 11   Wohnungssuche

Use plural nouns to rewrite each sentence.

> BEISPIEL: Der Student hat ein Problem. → Die Studenten haben Probleme.

1. Die Studentin braucht eine Wohnung.

_____

2. Die Frau liest das Buch.

_____

3. Der Verkäufer sucht ein Hotelzimmer in Köln.

_____

_____

4. Die Amerikanerin sucht eine Mitbewohnerin.

_____

_____

5. Der Kunde braucht ein Haus.

_____

6. Die Miete in Deutschland ist hoch.

_____

Das Magazin für internationales Wohnen

HÄUSER

Sprache im Kontext

Lesen

Wir suchen

⊑ 2 - bis[1] 4 - ZIMMER
WOHNUNGEN

von 13. Juli bis[1] 13. August

für unsere DozentInnen[2] und für die bei
ImPulsTanz auftretenden[3] KünstlerInnen.[4]

Bitte kontaktieren Sie uns:

523 55 58 • apartment@impulstanz.com

[1]*to* [2]*instructors* [3]*appearing* [4]*artists*

Courtesy of ImPulsTanz—Vienna International Dance Festival.
Photo: © N. Höbling, Dans.Kias/Saskia Höbling "Jours Blancs"

A. Scan the ad and indicate whether it provides each bit of information by checking **JA** or **NEIN**. Then go back and write in the word or phrase that gives the information for each **JA**-answer.

		JA	NEIN	
1.	wie viele Zimmer pro Wohnung	☐	☐	_____
2.	was für (*what kind of*) Zimmer	☐	☐	_____
3.	wie viele Wohnungen	☐	☐	_____
4.	wo	☐	☐	_____
5.	woher	☐	☐	_____
6.	wann	☐	☐	_____
7.	wie lange	☐	☐	_____
8.	für wen	☐	☐	_____
9.	wie kontaktieren	☐	☐	_____
10.	Telefonnummer	☐	☐	_____
11.	E-Mail-Adresse	☐	☐	_____
12.	Postleitzahl	☐	☐	_____

B. Use information from the ad to complete the following summary. Be sure to use correct verb forms when necessary.

Die Organisation ImPulsTanz _____ 2- bis 4-Zimmer _____ für ihre

Dozenten/Dozentinnen und Künstler/Künstlerinnen. Sie brauchen die Wohnungen für einen

Monat, vom _____ bis zum 13. August. Die _____ ist 523 55 58 und die

E-Mail-_____ ist apartment@impulstanz.com.

C. Scan the ad and look at the image again. Speculate on whether each statement seems **wahrscheinlich** (*likely*) or **unwahrscheinlich** as an answer to the following question:

Warum ist die Frau in einer Badewanne (*bathtub*)?

	WAHRSCHEINLICH	UNWAHRSCHEINLICH
1. Sie ist obdachlos (*homeless*). Sie hat kein Zimmer.	☐	☐
2. Sie braucht nur ein Badezimmer.	☐	☐
3. Das ist eine Szene aus einem Theaterstück (*play*).	☐	☐
4. Sie braucht eine Wohnung oder ein Zimmer mit Bad.	☐	☐
5. Sie braucht kein Zimmer, nur eine Badewanne.	☐	☐
6. Sie ist Tänzerin und das ist eine Szene aus dem Tanz.	☐	☐

D. Imagine you have an apartment to offer the ImPulsTanz group. Write six questions you would like to ask a prospective applicant.

Na klar!

A. Look at the woman in the photo on the previous page. Create a personality for her by jotting down answers to the following questions. Use the space in the margins.

- Wer ist diese Frau? (Amerikanerin, Kanadierin, Studentin aus _____, _?_)

- Wie heißt sie?

- Wie ist sie? (ruhig, sympathisch, _?_)

- Wohnt sie jetzt allein, oder hat sie Mitbewohner/Mitbewohnerinnen?

- Was sucht sie? (ein Zimmer, eine Wohnung, ein Haus mit Garten, _?_)

- Kocht sie? Braucht sie eine Küche?

- Welche Möbelstücke hat sie schon? Welche braucht sie?

- Braucht sie etwas zentral gelegen?

- Hat sie ein Fahrrad? ein Auto? Braucht sie eine Garage?

- Welche Hobbys oder Interessen hat sie? Was macht sie gern?

B. Assume that none of the ads on the bulletin board offers a perfect match for the housing she is seeking. Create a simple want ad she can post on the board to outline the ideal housing situation for her. Use pictures and drawings if you wish.

Journal

Write about your living quarters, your friends, and your likes and dislikes. The following questions will give you some ideas. Jot down notes here or elsewhere to organize your thoughts before you begin writing in your journal.

- Wo wohnen Sie? (Stadt)

- Haben Sie ein Zimmer, eine Wohnung oder ein Haus?

- Wie ist Ihr Zimmer? (Ist es groß? klein? gemütlich [cozy]? _____? Ist die Miete hoch oder niedrig?)

- Haben Sie Möbel? (Haben Sie ein Bett? einen Tisch? Bücherregale? einen Computer?

  _____?) Was haben Sie nicht?

- Was brauchen Sie?

- Haben Sie einen Mitbewohner oder eine Mitbewohnerin? Wenn ja: Wie ist er oder sie?

- Haben Sie viele Freunde und Bekannte? Wie sind sie?

- Was machen Sie gern? (Schreiben Sie gern? Kochen Sie gern?) Was machen Sie nicht gern?

Remember, in this chapter as well as in all others, you may choose to write about someone other than yourself.

Familie und Freunde

Alles klar?

Look at the photo and circle all the most likely possibilities.

1. Wer?

Baby	Freunde	Mutter	Tochter
Bruder	Hund	Schwester	Vater
Familie	Kundinnen	Sohn	Verkäufer

2. Was?

essen	kaufen	schlafen	sprechen
grillen	laufen	schreiben	trinken

3. Wo?

Hotel	Restaurant	Esszimmer
Kaufhaus	Terrasse	Garten zu Hause

4. In welchem Monat? Im …

Januar	April	Juli	Oktober
Februar	Mai	August	November
März	Juni	September	Dezember

5. An welchem Tag? Am …

Montag	Mittwoch	Freitag	Sonntag
Dienstag	Donnerstag	Samstag/ Sonnabend	

6. Warum?

Geburtstag	Muttertag	Valentinstag	Familienfest
Hochzeit	Neujahr	Weihnachten	Fasching/Karneval

Wörter im Kontext

Thema 1

Ein Familienstammbaum

Aktivität 1 Eine Familie

Write the masculine or feminine counterpart to complete each sentence of this family's description.

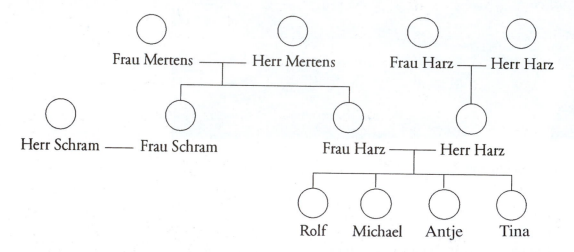

1. Frau Harz ist die Mutter; Herr Harz ist der _____.

2. Rolf und Michael sind ihre Söhne; Antje und Tina sind ihre _____.

3. Antje und Tina sind Schwestern; Rolf und Michael sind _____.

4. Frau Mertens ist ihre Oma; Herr Mertens ist ihr _____.

5. Frau Harz ist ihre Großmutter väterlicherseits; Herr Harz ist ihr _____.

6. Antje und Tina sind die Nichten von Frau Schram; Rolf und Michael sind die

   _____.

7. Herr Schram ist ihr Onkel; Frau Schram ist ihre _____.

Thema 2

Der Kalender: Die Wochentage und die Monate

Aktivität 2 Tage

Write the day that corresponds to each abbreviation. Note that German calendars usually begin with Monday and end with Sunday.

Mo _____ Fr _____

Di _____ Sa _____

Mi _____ So _____

Do _____

Aktivität 3 Monate

SPRACH-INFO

The impersonal pronoun **man** refers to people in general, as do the English words *one, they, you,* and *people.* Like **er, sie,** or **es, man** is used with third-person singular verb forms. Be careful not to confuse the pronoun **man** with the noun **der Mann.** You will learn to use this pronoun in your own sentences in **Kapitel 4.**

In welchem (*which*) Monat feiert man was?

1. Im _____ feiert man das Oktoberfest.

2. Im _____ feiert man Neujahr.

3. Im _____ feiert man Muttertag.

4. Im _____ feiern Amerikaner den *Independence Day* mit Umzügen (*parades*), Picknicks und Feuerwerk.

5. Im _____ feiert man Valentinstag.

6. Im _____ feiert man Chanukka und Weihnachten.

7. Ende _____ sind die Sommerferien in Amerika vorbei (*over*).

8. Im _____ und manchmal schon im _____ feiert man Ostern (*Easter*).

9. Der Sommer beginnt im _____.

10. Im _____ feiern die Amerikaner *Thanksgiving.*

11. Das Schuljahr in Amerika beginnt meistens im _____.

Aktivität 4 Welches Datum ist heute?

BEISPIEL: 12.07. → Heute ist der zwölfte Juli.

1. 01.03. _____
2. 06.05. _____
3. 07.06. _____
4. 19.10. _____
5. 20.12. _____

Aktivität 5 Wann haben sie Geburtstag?

BEISPIEL: Elena: 10.04. → Am zehnten April hat Elena Geburtstag.

1. Nico: 14.01. _____
2. Anna: 20.02. _____
3. Jasmin: 03.08. _____
4. Nina: 30.09. _____
5. Tim: 15.11. _____

Aktivität 6 Geburtsanzeige

A. Read the following birth announcement and answer the questions.

1. Wie heißt das Baby?

   _____

2. Wann ist es geboren?

   _____

3. Wie groß ist Christopher?

   _____

4. Wie viel wiegt (*weighs*) er?

   _____

5. Wie heißen seine Eltern?

   _____

6. Wo wohnt die Familie?

   _____

7. Wie alt ist Christopher heute?

   _____

> Wir freuen uns über die Geburt von
>
> ♥ **Christopher**
> 23. 7. 2011
> 51 cm   3030 g
>
> **Sandra und Rolf Bajorat**
> geb. Mulders
>
> Felix-Roeloffs-Straße 21, 47551 Bedburg-Hau

B. Now create an announcement with all the facts surrounding your own birth. Or, write a birth announcement for a friend, family member, or pet.

Thema 3
Feste und Feiertage

Aktivität 7   Wie heißen die Feiertage?

Supply the missing names of holidays.

1. Eine Familie kommt zusammen. Sie feiert ein _____.

2. Mariannes Geburtsdatum ist der 24. Januar 1988. Jedes Jahr hat sie am 24. Januar

    _____.

3. Mariannes Bruder heiratet im Mai. Natürlich feiert die ganze Familie diese

    _____.

4. Dieser Feiertag ist wichtig für Mütter. Er heißt _____.

5. Am _____ sehen wir rote Rosen und Glückwunschkarten
    mit Herzen.

6. Diese Feiertage sind wichtig für Christen. _____ kommt im

    Dezember, _____ im März oder April.

7. Das _____ beginnt am 1. Januar. Der Feiertag am 31. Dezember

    heißt _____.

8. Mardi Gras hat eine lange Tradition. In Süddeutschland und Österreich heißt Mardi Gras

    _____ und im Rheinland _____.

Aktivität 8   Was sagen sie?

Write an appropriate response for each situation.

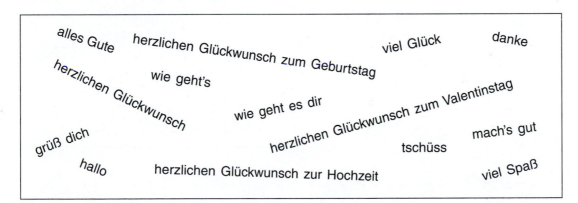

1. Max wird am Sonntag 18. Was sagt seine Familie?

    _____

2. Karin hat nächste Woche Examen. Was wünscht ihr Freund ihr (her)?

    _____ zum Examen.

3. Susan dankt Mark für das Buch zum Geburtstag. Sie schreibt:

   _____ für das Buch.

4. Paul hat am Samstag ein Tennisturnier. Was wünschen seine Freunde Paul?

   _____

5. Yasmin geht zu Peters Party. Was sagt ihre Mitbewohnerin?

   _____

6. Peter findet Heike sehr nett. Zum Valentinstag schreibt er Heike eine Karte. Was schreibt er?

   _____

   _____

7. Sabine trifft (*meets*) ihre Freundin im Café. Was sagt sie?

   _____

8. Richards Kusine heiratet am Samstag. Wie gratuliert ihr Richard?

   _____

Wortraum

A. Draw a stick figure of yourself in the space below. Surround the figure with the names and relationships of people important to you, such as **Tante Barbara, Stephen (Freund), Anna (Schwägerin),** and so forth.

B. Write a sentence in which you express a particular liking for some of the people mentioned above. Use this pattern: **Ich habe … besonders gern.**

_____

_____

_____

Grammatik im Kontext

Possessive Adjectives

Übung 1   Familienfest

Provide the correct possessive adjectives.

Am Samstag feiert _____ (*my*) Oma Geburtstag. Sie

wird schon 90 und ist noch sehr aktiv und engagiert. Donnerstags

besucht sie gern _____ (*her*) Freundinnen. Sie

spielen Karten und trinken Tee. _____ (*Her*) Mann,

_____ (*my*) Opa, feiert im April

_____ (*his*) 91. Geburtstag. _____

(*His*) Interessen sind Musik und Politik. Im Mai feiern

_____ (*my*) Großeltern _____ (*their*) 60. Hochzeitstag. Auch im

Mai heiraten _____ (*my*) Bruder Alex und _____ (*his*) Freundin

Anna. Im Juni feiern _____ (*my*) Schwester Sophia und _____

(*her*) Mann Martin _____ (*their*) fünften Hochzeitstag. _____

(*Their*) Baby, ein Sohn, kommt im Juli. Dieses Jahr hat _____ (*our*) Familie viel

zu feiern. _____ (*My*) Eltern planen ein großes Familienfest.

Unsere Oma

feiert ihren

90. Geburtstag!

Personal Pronouns in the Accusative Case

Übung 2   Reziprozität: Wie du mir, so ich dir

Use the cues to write sentences according to the model.

BEISPIEL: er/sie (*sg.*): etwas fragen →
Er fragt sie etwas, und sie fragt ihn etwas.

1. wir/ihr: nicht gut kennen

_____

_____

2. ich/du: manchmal besuchen

_____

3. er/Sie: interessant finden

_____

_____

4. wir/sie (*pl.*): schon gut verstehen (*understand*)

_____

Übung 3 Minidialoge über Möbel und sonst was

Complete the exchanges with the correct definite articles and personal pronouns.

A: Wie finden Sie _____ Computer (*sg.*)?

B: Ich finde _____ wirklich toll.

C: Wie finden Sie _____ Fernseher, _____ CD-Spieler, _____ Lampe und _____ Radio?

D: Ich finde _____ alle ausgezeichnet.

E: Kaufen Sie _____ Teppich?

F: Ja, ich kaufe _____.

G: Fahren Sie _____ neue Auto gern?

H: Ja, ich fahre _____ sehr gern.

I: Suchen Sie _____ Fotos?

J: Ja, ich suche _____. Sehen Sie _____?

Übung 4 Wer, wen oder was?

1. _____ ist der Mann da?

2. _____ macht er?

3. _____ kennt ihn?

4. _____ liest er?

5. _____ sucht ihn?

6. _____ findet er so freundlich und interessant?

7. _____ besucht ihn?

8. _____ kennt er?

Übung 5 Minidialoge

CHRISTOPH: Ich verstehe Robert nicht gut, und er versteht _____ (*me*) auch nicht gut.

Verstehst du _____ (*him*)?

BRIGITTE: Ja, kein Problem. Ich verstehe _____ (*him*) gut.

CHRISTOPH: Woher kommt er eigentlich?

BRIGITTE: Aus Kanada.

HERR SCHULZ: (*am Telefon in Frankfurt*) Hören Sie _____ (*me*), Herr Jones?

HERR JONES: (*am Telefon in Los Angeles*) Ja, ich höre _____ (*you*) ganz gut, Herr Schulz.

Prepositions with the Accusative Case

Übung 6 Freunde und Familie

Supply the correct prepositional phrases.

FRAU KLAMM: Laufen Ihre Kinder immer so laut _____ (*around the house*) herum und _____ (*through the garden*), Frau Kleist? Das macht mich ganz nervös.

FRAU HARZ: Sie sind doch Kinder. Die spielen nun mal gern.

PAUL: Hast du etwas _____ (*against my friend*)?

UTE: Nein, natürlich habe ich nichts _____ (*against him*).

Aber er hat etwas _____ (*against me*).

SUSI: Spielt ihr schon wieder Cowboys _____ (*without me*)?

ALEX: Nein, Susi, wir spielen nicht _____ (*without you*).

MARGRET: Fährst du im Winter _____ (*through Switzerland*)?

MICHAEL: Ja, und auch _____ (*through Austria*). Die Straßen sind sehr gut, auch im Winter.

MÄXCHEN: Opa, hast du eine Cola _____ (*for us*)?

OPA: Nein, aber ich habe Milch _____ (*for you*).

_____ (*without milk*) bleibt ihr klein.

MÄXCHEN: Ach, Opa, bitte!

OPA: Na gut, eine Cola _____ (*for you*) und Leah.

Übung 7 Mein Freund Martin und ich

Write complete sentences; use the correct form of each word.

BEISPIEL: ich / kaufen / Bücher / für / mein Freund. →
Ich kaufe Bücher für meinen Freund.

1. mein Freund / kaufen / Rosen / für / ich

   _____

2. gegen / sechs Uhr / laufen / wir / gern / durch / der Park

   _____

3. wir / laufen / selten / ohne / sein Neffe

   _____

4. ich / haben / gar nichts / gegen / Martins Schwester / oder / ihr / Sohn

_____

5. Martins Schwester / und / ihr Mann / kaufen / oft / Geschenke / für / wir

_____

The Verbs *werden* and *wissen*

Übung 8   Wie alt werden sie?

Write the correct forms of **werden**.

1. Meine Eltern _____ nächstes Jahr 50.

2. Ich _____ 23, und mein Bruder _____ 18.

3. Vanessa, du _____ nächstes Jahr 21, nicht?

4. Niklas und Leon, wann _____ ihr 21?

Übung 9   Festspiele

INTERNATIONALE BACHTAGE
IN HESSEN UND THÜRINGEN

02. bis 30. April

J. S. BACH, JOHANNES-PASSION
OSTERKANTATEN

GOLDBERG-VARIATIONEN
ORGELMUSIK ZUR PASSION
PARTITEN FÜR VIOLINE SOLO

BAD HERSFELDER FESTSPIELKONZERTE

17. Juni bis 20. August

U.A. **W.A. MOZART, REQUIEM**

SINFONIA SILESIA KATTOWITZ / HERSFELDER FESTSPIELCHOR
FRANKFURTER KONZERTCHOR / MARBURGER KONZERTCHOR
DVORÁK-SINFONIE-ORCHESTER PRAG / KAMMER-ENSEMBLES
ST. LAWRENCE STRING QUARTET / U.V.M.

BAD HERSFELDER OPERNFESTSPIELE

7. bis 23. August

G. BIZET, CARMEN
W. A. MOZART, DON GIOVANNI

KARTENVERKAUF & KOSTENLOSE PROSPEKTE

Arbeitskreis für Musik e.V. / Nachtigallenstrasse 7 / 36251 Bad Hersfeld
Telefon 0 66 21/50 67 13 und 50 67 18 / Fax 0 66 21/6 43 55
www.opern-festspiele.net / info@opernfestspiele-badhersfeld.de

Complete the exchanges with the correct forms of **wissen** or **kennen.**

1. A: _____ ihr die Musik von Johann Sebastian Bach?

   B: Ja, natürlich. Wo ist Bachs Geburtsort? _____ ihr das?

   A: Nein, das _____ ich nicht. Du?

   C: Ja, Bach wurde 1685 in Eisenach geboren.

2. D: _____ Sie, wann die Festspielkonzerte beginnen?

   E: Ich _____ das nicht genau. Ich glaube im Juni. Vielleicht

   _____ mein Kollege (*colleague*) das. Ich frage ihn.

3. F: _____ Sie Mozarts Oper *Don Giovanni*?

   G: Nein. Ich _____ Mozarts *Requiem*, aber diese Mozartoper

   _____ ich nicht.

4. H: Wer _____, wo wir Karten kaufen?

   I: Die Adresse ist Nachtigallenstraße 7. Das _____ ich. Aber ich

   _____ die Straße nicht. Wo ist das?

   J: Ich _____ genau, wo das ist.

5. K: _____ du, wie viel die Karten kosten?

   L: Nein, aber ich frage. Ich habe die Telefonnummer.

LANDESKUNDE-INFO

Many cities in the German-speaking countries offer **Festspiele** or **Festwochen,** especially in spring and summer, to celebrate culture and the arts: music, theater, opera, dance, fine arts, architecture, and/or film. Music festivals feature not only music by famous classical composers—such as the **Beethovenfest Bonn,** the **Mozartfest Würzburg,** or the **Bachfest Leipzig**—but also jazz, reggae, and rock. Such festivals take place in major metropolitan areas—as for example, **Art Basel, Berliner Festspiele und Festwochen,** and **Wiener Festwochen**—as well as in smaller towns and cities, such as the **Bad Hersfelder Festspielkonzerte** and **Opernfestspiele.** People refer to Bad Hersfeld, located in Hessen, as **das hessische Salzburg,** and visitors come from around the world to enjoy the open-air performances that take place in the ruins of an old monastery.

Sprache im Kontext

Lesen

A. Take a look at the announcement and complete the information.

Am 8. Juni möchten wir gemeinsam mit[1] der Taufe[2]
unseres Sohnes Lukas unsere kirchliche Trauung[3]
nachholen[4].
Diesen besonderen Tag wollen wir gerne in lockerer[5]
Atmosphäre mit allen Verwandten und
Freunden feiern.
Der Gottesdienst[6] beginnt um 16:00 Uhr
in der Auferstehungskirche[7] Kellen.
Das anschließende[8] Gartenfest findet auf der
Briener Straße 180 in Kellen statt[9].

Paul und Maria Becker geb. Schneider
mit Lukas und Sofie

[1]gemeinsam ... *along with*   [2]*baptism*   [3]kirchliche ... *religious wedding ceremony*   [4]*belatedly perform*   [5]*relaxed*   [6]*service*
[7]*Resurrection Church*   [8]*following*   [9]findet ... statt *takes place*

Hier sehen wir eine Familie. Die Mutter heißt _____ Becker geborene Schneider,

ihr _____ heißt Paul, ihre _____ heißt Sofie und ihr

_____ heißt Lukas.

LANDESKUNDE-INFO

Every couple who marries in Germany must have a civil ceremony at a registry office (**Standesamt**). Usually only the witnesses and perhaps a few friends or family members attend this ceremony, which is often followed by a meal in a restaurant. Those couples who wish a traditional religious wedding (**eine kirchliche Trauung**) arrange for such a ceremony to take place in a church, cathedral, or some other venue usually a few days after the civil ceremony and with their invited guests in attendance. However, the couple in the announcement planned for a **kirchliche Trauung** and reception several years later, in this case in conjunction with the baptism of their second child.

B. Das stimmt nicht. Correct each of the following statements to make it true according to the announcement.

> BEISPIEL: Sofies Eltern sind Maria und Paul Schneider. →
>
>   *Becker*
>   Sofies Eltern sind Maria und Paul ~~Schneider~~.

1. Am achtzehnten Juli feiern Paul und Maria die Taufe von Lukas und auch ihre kirchliche Trauung.

2. Sie feiern diesen Monat mit allen Verwandten und Freunden.

3. Der Gottesdienst endet um 16.00 Uhr.

4. Ein Bierfest folgt dem Gottesdienst.

5. Das Fest findet auf der Briener Straße 180 in Köln statt.

C. Design and write your own announcement for an upcoming special event. Use phrases and ideas from the materials in this chapter. You can use your own name and include actual facts, or you can make up a German-speaking persona and create details accordingly.

Na klar!

Write a paragraph-length caption to accompany this photo. Offer a logical explanation or description of the family gathering. You can refer to **Alles klar!** at the beginning of this chapter for ideas and vocabulary. Consider the following questions:

> Wo sind sie? Wie heißen sie? Wie sind sie verwandt? Woher kommen sie? Was machen sie? Wie verbringen (*are spending*) sie den Tag? Warum feiern sie heute?

Journal

Schreiben Sie über Ihre Familie. Before you begin writing, make a family tree and include as much information about each person as you are able to give in German. The following questions will give you ideas for your journal entry, as will the reading and dialogues at the beginning of **Kapitel 3** in your textbook. You might also include photos and write a caption to accompany each one.

- Wie groß ist Ihre Familie?

    Haben Sie Geschwister?
    Haben Sie eine Stiefmutter (*stepmother*) oder einen Stiefvater?
    Haben Sie Stiefbrüder oder -schwestern?
    Haben Sie Halbbrüder oder -schwestern?
    Haben Sie Nichten und Neffen? Tanten und Onkel? Kusinen und Vettern? Großeltern?
      Urgroßeltern?

- Sind Sie verheiratet (*married*)?

    Wenn ja: Haben Sie einen Schwiegervater (*father-in-law*)? eine Schwiegermutter? einen
      Schwager (*brother-in-law*) oder Schwäger (*brothers-in-law*)? eine Schwägerin (*sister-in-law*)
      oder Schwägerinnen?
    Haben Sie Kinder? Wenn ja: Wie beschreiben (*describe*) Sie sie? Haben Sie vielleicht
      Enkelkinder?

- Wie heißen die Familienmitglieder (*family members*)?

    Wie alt sind sie?
    Wo wohnen sie?
    Was machen sie gern?
    Was machen sie nicht gern?

- Haben Sie einen Hund? ein Pferd? eine Katze?

    Beschreiben Sie Ihr Haustier (*pet*).

Mein Tag

Kapitel 4

Alles klar?

A. Was machen diese Studenten und Studentinnen?

1. Sie gehen _____.   a. ins Konzert   b. ins Kino   c. in Vorlesungen

2. Dort hören sie _____.   a. Musik   b. den Professor   c. ein Konzert

3. Dort schreiben sie _____.   a. Bücher   b. Notizen   c. E-Mails

B. Wann machen Studenten und Studentinnen gewöhnlich was? Mehr als eine Antwort kann richtig sein.

(1) morgens, (2) vormittags, (3) mittags, (4) nachmittags, (5) abends

_____ aufstehen   _____ fernsehen   _____ in Vorlesungen gehen

_1, 2_ aufwachen   _____ Freunde besuchen   _____ Kaffee trinken

_____ einen Film sehen   _____ für morgen lernen   _____ tanzen

_____ essen   _____ ins Kino gehen   _____ über Politik diskutieren

_____ (Fahrrad) fahren   _____ ins Konzert gehen   _____ zur Universität gehen

Wörter im Kontext

Thema 1
Die Uhrzeit

Aktivität 1   Wie viel Uhr ist es?

A. Ergänzen Sie die fehlenden Wörter.

1. _____ hat 60 Sekunden.

2. _____ hat 60 _____.

3. _Ein Tag_____ hat 24 _____.

B. Schauen Sie sich jetzt die Uhren an, und ergänzen Sie die Sätze.

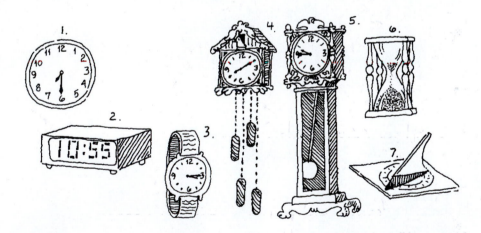

1. Es ist _____ acht.

2. Es ist fünf _____ elf.

3. Es ist _____ _____ drei.

4. Es ist zehn _____ acht.

5. Es ist _____ _____ zehn.

BEISPIEL: Können Sie mich heute Abend anrufen? (bitte) →
Rufen Sie mich bitte heute Abend an.

1. Möchten Sie morgen früh im Café frühstücken? (doch)

   _____

2. Möchten Sie morgen Nachmittag einkaufen gehen? (doch)

   _____

3. Möchten Sie durch den Park spazieren gehen? (mal)

   _____

4. Möchten Sie morgen Abend im Restaurant essen? (doch)

   _____

5. Möchten Sie dann einen Horrorfilm sehen? (mal)

   _____

6. Können Sie am Samstag vorbeikommen? (bitte)

   _____

Informal Imperative

Übung 9 Was müssen Kinder machen?

Schreiben Sie jeden Satz neu im Imperativ.

BEISPIEL: Ihr müsst euer Zimmer aufräumen. →
Räumt euer Zimmer auf.

1. Du darfst jetzt nicht fernsehen.

   _____

2. Du musst deine Oma anrufen.

   _____

3. Du darfst noch nicht ausgehen.

   _____

4. Du musst nett sein.

   _____

5. Du musst dein Buch lesen.

   _____

6. Ihr müsst immer gut zuhören.

   _____

7. Ihr müsst vorsichtig (*careful*) sein.

   _____

8. Ihr müsst zum Einkaufen mitkommen.

_____

9. Ihr müsst sofort zurückkommen.

_____

10. Ihr müsst jetzt lernen.

_____

Übung 10   Mach es jetzt! Du musst das jetzt machen!

Martin und Josef sind Brüder. Heute hat Martin ein Problem: Josef schläft noch. Was sagt Martin?
Wählen Sie Verben aus der Kiste (*box*) und schreiben Sie sechs Satzpaare.

BEISPIEL: 1. a. Bleib nachts nicht so spät auf.
            b. Du sollst nachts nicht so spät aufbleiben.

aufbleiben	aufstehen	dürfen	frühstücken
sollen	ausgehen	einschlafen	aufwachen
fernsehen	Basketball spielen	lesen	können müssen

Sprache im Kontext

Lesen

> LESE-INFO
>
> When working with an authentic text such as the book advertisement shown here, remember a few tips. First, look at the pictures to give you clues about the topic. Then scan the text slowly and look for words that you know. Don't worry about unfamiliar words at first. You will quickly be on your way to understanding more than you thought possible.

A. Ergänzen Sie.

1. Der Titel des Buches ist _____

   _____.

2. Der Autor heißt _____.

3. Das Buch ist keine Biografie. Es ist ein

   _____.

4. Das Buch hat _____ Seiten.

5. Es kostet _____ Euro.

6. Dieses Adjektiv beschreibt das Buch: _____

7. Das ändern manche Leute: _____

B. Schauen Sie sich das Bild jetzt an. Es ist von dem norwegischen Maler (*painter*) Edvard Munch und der Titel ist *Der Tanz des Lebens.*

	JA	NEIN
1. Kennen Sie dieses Werk von Munch?	☐	☐
2. Kennen Sie sein berühmtes (*famous*) Bild, *Der Schrei* (*The Scream*)?	☐	☐
3. Kennen Sie andere Werke von Munch?	☐	☐

[1]*dangerous* [2]*Manche … Some people change their lives!* [3]*story* [4]*novel*

Ein gefähr-liches[1] Buch. Manche ändern ihr Leben![2]

Tanja Langer
Kleine Geschichte[3] von der Frau, die nicht treu sein konnte
Roman[4]

dtv premium

Originalausgabe
540 Seiten € 15,–
ISBN 3-423-**24527**-1

Äußerlich ist Evas Leben fast idyllisch: Ein Haus mit Garten, drei Kinder, ein Mann mit künstlerischem Beruf. Sie ist auch nicht unglücklich. Aber die Offenheit, mit der sie anderen Menschen begegnet, macht sie immer wieder zum Spielball des Lebens. Und so steht sie eines Tages vor einem Bild des Malers Edvard Munch und fühlt sich wie vom Blitz getroffen …

www.dtv.de – Ihr Kulturportal

C. Lesen Sie jetzt den Text und beantworten Sie die Fragen.

1. Wie heißt die Protagonistin? _____

2. Wie ist ihr Leben äußerlich (*on the surface*)? _____

3. Wie viele Kinder hat sie? _____

4. Was für (*what kind of*) ein Haus hat sie? _____

5. Was für einen Beruf hat ihr Mann? _____

6. Wie ist sie innerlich (*inwardly*)? _____

---

drei   mit Garten

einen künstlerischen (*artistic*)

Eva

fast idyllisch

nicht unglücklich

D. Wie sagt man das auf Deutsch?

_____ 1. *Eva meets other people with openness.*

_____ 2. *This openness always puts her at the mercy of life.*

_____ 3. *One day she is standing in front of a painting by Edvard Munch.*

_____ 4. *She feels as if struck by lightning.*

a. Eines Tages steht sie vor einem Bild von Edvard Munch.

b. Eva begegnet anderen Menschen mit Offenheit.

c. Sie fühlt sich wie vom Blitz getroffen.

d. Diese Offenheit macht sie immer wieder zum Spielball des Lebens.

E. Kann ein Bild (oder ein Buch oder ein Film) das Leben ändern? Empfehlen (*recommend*) Sie jemandem (*someone*) so ein Buch oder so einen Film.

Du musst _____ lesen/sehen.

Das ist _____.

ein Bild / Foto von _____.
ein Porträt von _____.
ein Abenteuerbuch (*adventure book*) / Abenteuerfilm
eine Biografie
ein Dokumentarfilm
ein Drama
ein Horrorfilm
eine Komödie

eine Liebesgeschichte (*love story*)
ein Roman
eine romantische Komödie
ein Thriller
ein Sachbuch (*nonfiction book*)
?

Ich finde ihn/sie/es _____.

ausgezeichnet
eindringlich (*powerful*)
fantastisch
hochinteressant
sehr romantisch

überzeugend (*persuasive, convincing*)
urkomisch (*hilarious*)
sehr wichtig
?

Er/sie/es kann dein Leben ändern.

Na klar!

📄 Schauen Sie sich das Foto an. Was für (*what kind of*) Pläne machen diese zwei Studenten für heute Abend? Schreiben Sie ihr Gespräch (*conversation*). Spekulieren (*Speculate*) Sie!

- Was haben sie vor?

- Wohin wollen sie gehen? ins Kino? ins Konzert? in die Disco? in die Oper? ins Theater? __?__

- Was möchten sie sehen? einen Film? (einen Krimi? einen Horrorfilm?) ein Ballett? eine Oper?

  ein Theaterstück? (eine Komödie? eine Tragödie? ein Musical?) __?__

- Wann machen sie das?

- Wer soll wen anrufen?

- Wer soll wen abholen?

- Um wie viel Uhr kommt … vorbei?

- Wer kommt mit?

Journal

Wie verbringen Sie Ihre Zeit? Write about your general routines and habits: what you do when.

- Begin by creating a **Stundenplan** for your scheduled weekday classes and activities, or refer to one you've already written out. The following list will give you additional ideas.

arbeiten	Chinesisch	Biologie
aufstehen	Deutsch	Chemie
aufwachen	Englisch	Geschichte (*history*)
frühstücken	Französisch	Kunst (*art*)
lernen	Japanisch	Literatur
?	Russisch	Mathe
	Spanisch	Musik
	?	Pause (*break*)
		Physik
		Religion
		Soziologie
		Sport
		?

- Next, consider your unscheduled activities, the things you like to do or need to do. Circle the activities in the following list that apply to you; cross out those that don't.

(Freunde) anrufen	kochen
arbeiten	laufen
(Zimmer/Wohnung) aufräumen	lernen
aufstehen	lesen
aufwachen	(Kreuzworträtsel) machen
ausgehen	mitkommen
(Freunde/Familie/ ?) besuchen	reisen
bleiben	(E-Mails) schreiben
einkaufen (gehen)	schwimmen
einschlafen	spazieren gehen
essen	(Karten/ ?) spielen
(Auto/Motorrad) fahren	(Deutsch/ ?) sprechen
feiern	im Internet surfen
fernsehen	(Kaffee/ ?) trinken
frühstücken	wandern
(ins Kino / ins ? / in die ?) gehen	zurückkommen
Musik hören	

- Jot down appropriate time adverbs, qualifying words, or any other pertinent notes alongside some or all of the verbs you have circled. (You need not use all the words listed.)

TIME ADVERBS	QUALIFYING WORDS
jeden Tag	ich darf
montags, …	ich kann
morgens	ich möchte
mittags	ich muss
nachmittags	ich soll
abends	ich will
nachts	
am Wochenende	

- Number your circled verbs and notes in the sequence in which you want to present them.

The preceding steps will provide you with some thoughts and a rough outline for writing in your journal.

Kapitel 5

Einkaufen

Alles klar?

A. Was kann man hier machen? Kreuzen Sie an.

☐ einen Obststand sehen

☐ in eine Vorlesung gehen

☐ frisches Obst kaufen

☐ einen Film sehen

☐ Obst und Gemüse direkt vom Bauern (*farmer*) kaufen

☐ an der frischen Luft (*air*) sein

☐ frische Zutaten zum Mittagessen oder Abendessen suchen

☐ einen Vortrag hören

☐ einen Rucksack oder eine Tasche mitbringen

B. Wann geht man gewöhnlich auf den Markt?

- ☐ frühmorgens   ☐ nachmittags
- ☐ morgens   ☐ spätabends
- ☐ vormittags   ☐ nachts

Wörter im Kontext

Thema 1

Kleidungsstücke

Aktivität 1   Bekleidung

Wie heißt jedes Kleidungsstück?

1. _der Anzug_____
2. _____
3. _____
4. _____
5. _____
6. _____
7. _____
8. _____

9. _____
10. _____
11. _____
12. _____
13. _____
14. _____
15. _____
16. _____

Aktivität 2   Wer trägt was?

Trachten
und Mode
für Damen,
Herren und Kinder

Wer trägt was im Bild? Schreiben Sie **F** für die **Frau, M** für den **Mann** oder **F/M** für **Frau und Mann.**

Wer trägt einen Hut? _____

eine Jacke? _____

eine Weste? _____

eine Bluse? _____

ein Hemd? _____

einen Rock? _____

eine Hose? _____

einen Gürtel? _____

Aktivität 3 Kleidungsstücke

Welche Kleidungsstücke haben Sie schon? Kreuzen Sie diese Wörter an (√). Welche Kleidungsstücke brauchen oder möchten Sie? Machen Sie einen Kreis um diese Wörter (Wort). Welche Kleidungsstücke wollen Sie nie (*never*) tragen (*wear*)? Streichen Sie diese Wörter aus (~~Wort~~).

- ☐ einen Sommeranzug
- ☐ einen Winteranzug
- ☐ eine Lederjacke
- ☐ eine Windjacke
- ☐ eine Cordhose
- ☐ einen Ledergürtel
- ☐ ein Sommerkleid
- ☐ einen Wintermantel
- ☐ eine Baumwollbluse

- ☐ ein Baumwollhemd
- ☐ einen Baumwollschal
- ☐ ein Flanellhemd
- ☐ einen Cowboyhut
- ☐ Wanderschuhe
- ☐ Tennisschuhe
- ☐ Fußballschuhe
- ☐ Joggingschuhe
- ☐ Cowboystiefel

Aktivität 4 Kleidungsstücke, die gut zusammenpassen

Schreiben Sie die Ausdrücke auf Deutsch.

1. *socks and shoes:* _____
2. *jeans and a T-shirt:* _____
3. *a shirt and (a pair of) pants:* _____
4. *a coat and a hat:* _____
5. *a suit and a tie:* _____
6. *a jacket and a scarf:* _____

Aktivität 5 Meine Kleidung

Schauen Sie sich jetzt die Bilder und Ihre Antworten in Aktivitäten 1–4 an. Schreiben Sie dann einen kurzen Absatz (*paragraph*): Was haben Sie? Was brauchen Sie? Was möchten Sie kaufen?

BEISPIEL: Ich habe einen Anzug, fünf Baumwollhemden, … Ich brauche eine Windjacke, … Ich möchte auch gern einen Cowboyhut, … kaufen.

7. *You did something you now regret. Say that you are sorry.*

    _____

8. *A salesperson wants you to buy a shirt. Tell him/her it's too expensive (for you).*

    _____

9. *Your roommates want to know whether you prefer to see a movie in a theater or at home on DVD. Tell them you don't care.*

    _____

Prepositions with the Dative Case

Übung 7   Metzgerei – Imbiss

Vervollständigen Sie die Fragen.

BEISPIEL: Existiert diese Metzgerei _seit einem Jahrhundert_ _____
(seit / ein Jahrhundert)?

1. Kommen die Spezialitäten _____
(aus / die Schweiz)?

2. Hört man oft _____ (von / diese
Metzgerei)?

3. Ist die Atmosphäre _____ gemütlich
(bei / die Metzgerei)?

4. Ist der Service _____ freundlich (bei / der
Imbiss ([*fast-food stand*])?

5. Kommen Kunden _____ hier (nach / der Arbeitstag)?

6. Wer kommt gewöhnlich _____ und

_____ (zu / die Metzgerei // zu /
der Imbiss)?

Übung 8 Familiensachen

Ihre neue Mitbewohnerin Lara stellt Ihnen Fragen. Antworten Sie ihr mit den richtigen Informationen.

BEISPIEL: Kommt deine Tante aus Italien? (die Schweiz) →
Nein, sie kommt aus der Schweiz.

1. Arbeitet dein Onkel bei der Metzgerei? (der Supermarkt)

_____

2. Sieht die Familie nach dem Frühstück fern? (das Abendessen)

_____

3. Ist deine Kusine Tanja schon seit einer Woche hier? (ein Monat)

_____

4. Hörst du oft von deiner Nichte Maxine? (mein Neffe Max)

_____

5. Geht dein Bruder oft zum Bioladen? (die Bäckerei)

_____

6. Gehst du gern mit deiner Familie aus? (meine Freunde)

_____

7. Kommt deine Großmutter aus Polen? (die Slowakei)

_____

Übung 9 Wer ist Richard? Was macht er?

Schreiben Sie vollständige Sätze.

1. Richard / sein / schon / seit / drei / Monate / in Münster

_____

_____

2. morgens / gehen / er / zu / die Uni

_____

3. nachmittags / gehen / er / zu / die Arbeit

_____

4. er / wohnen / bei / Herr und Frau Mildner

_____

5. er / sprechen / oft / mit / ein Student / aus / die Schweiz

_____

_____

6. sie / sprechen / besonders gern / von / ihre Freunde

_____

_____

7. manchmal / gehen / Richard / mit / seine Freunde / zu / der Supermarkt

_____

_____

8. da / können / er / auch / Lebensmittel / aus / die USA (*pl.*) / finden

_____

_____

9. nach / das Einkaufen / fahren / Richard / mit / der Bus / nach / Hause

_____

_____

Interrogative Pronouns *wo, wohin,* and *woher*

Übung 10   Was sagt Erika? Was fragen Sie?

Erika spricht über sich und ihre Familie. Schreiben Sie Fragen mit **wo, woher** oder **wohin** und der **du-**Form des Verbs.

1. Ich arbeite bei einer Firma in der Stadtmitte.

   Wie, bitte? _____

2. Abends bleibe ich oft zu Hause.

   Wie, bitte? _____

3. Samstagnachmittags gehe ich gern ins Kino.

   Wie, bitte? _____

   _____

4. Meine Eltern wohnen jetzt in München.

   Wie, bitte? _____

5. Mein Bruder arbeitet manchmal in Regensburg.

   Wie, bitte? _____

6. Meine Freundin Maria studiert in Marburg.

   Wie, bitte? _____

7. Mein Freund Peter kommt aus der Schweiz.

   Wie, bitte? _____

8. Meine Kusine kommt aus Fulda.

   Wie, bitte? _____

9. Mein Onkel fährt nächste Woche nach Bonn.

   Wie, bitte? _____

10. Meine Tante will in die Türkei reisen.

    Wie, bitte? _____

Sprache im Kontext

Lesen

A. Schauen Sie sich die Fotos an, und beantworten Sie die Fragen in vollständigen Sätzen.

1. Wie heißen die zwei Frauen?

_____

_____

2. Wie heißen die zwei Männer?

_____

_____

3. Wie alt sind diese Leute?

_____

_____

4. Was sind sie von Beruf?

_____

_____

_____

_____

[1] *possibilities*

[2] *delicious*

[3] *a hot drink made of black tea with rum*

[4] *cuddling, snuggling*

[5] *fireplace*

[6] schlechtes … *guilty conscience*

[7] verschneite … *snow-covered woods*

[8] *grimy weather*

[9] schneebedeckten … *snow-covered mountains*

DIE GANZE wahrheit

Winterschlaf für die Liebe. Was tut man dagegen?

Dunja, 28
Erzieherin

Der Winter bietet tolle Möglichkeiten[1] zum Flirten! Nach dem Skifahren kommt man sich auf der Hütte schnell näher – speziell bei einem leckeren[2] Jagertee.[3] Außerdem wird's früh dunkel. Und was tut man, wenn's dunkel ist? Kuscheln[4] natürlich.

Meine Heimat Kanada ist der ideale Ort für Winterromantik. Deshalb würde ich meine Freundin dorthin einladen. Und beim Skifahren bricht auch schnell das Eis. Wenn man doch zu sehr durchgefroren ist, taut man beim Kuscheln vorm Kamin[5] wieder auf.

Russ, 28
Model

Irene, 28,
Redakteurin

Ich finde den Winter geradezu ideal, um Gefühle aufleben zu lassen. Wenn es kalt und dunkel ist, kann man doch ohne schlechtes Gewissen[6] den ganzen Tag im Bett verbringen. Und was ist romantischer als ein Spaziergang durch verschneite Wälder[7]?

Ich liebe die Wärme und würde immer versuchen, dem Schmuddelwetter[8] Richtung Süden zu entfliehen – am besten natürlich mit der Liebsten. Wenn das nicht klappt, dann bleibt nur noch ein romantisches Häuschen in den schneebedeckten Bergen.[9]

Nick, 25
Fitness-Trainer

Wer …

	DUNJA	RUSS	IRENE	NICK
1. kommt aus Kanada?	☐	☐	☐	☐
2. trinkt gern Jagertee?	☐	☐	☐	☐
3. fährt gern Ski?	☐	☐	☐	☐
4. reist gern im Winter in den Süden?	☐	☐	☐	☐
5. findet den Winter romantisch?	☐	☐	☐	☐
6. liebt warmes Wetter?	☐	☐	☐	☐
7. kuschelt gern?	☐	☐	☐	☐
8. bleibt gern an Wintertagen im Bett?	☐	☐	☐	☐
9. geht gern durch die Wälder spazieren?	☐	☐	☐	☐

Na klar!

Heute Abend gibt dieses Paar eine Party. Was sind ihre Pläne? Schreiben Sie drei Listen.

1. **Gäste:** Wen möchten sie einladen?
2. **Vorbereitungen** (*preparations*): Was müssen sie machen?
3. **Einkaufen:** Was essen und trinken ihre Gäste? Was müssen sie kaufen? Wo?

BEISPIEL:

GÄSTE	VORBEREITUNGEN	EINKAUFEN
seine Schwester Anna	Wohnung aufräumen	Salat: Markt
?	?	?

Journal

 Wählen Sie ein Thema. Machen Sie sich zuerst auf diesem Blatt (*page*) Notizen. Schreiben Sie dann mithilfe Ihrer Notizen in Ihr Journal.

Thema 1:   Wie finden Sie den Winter, wo Sie wohnen?

- Finden Sie diese Jahreszeit (*season*) romantisch? ideal? wirklich schön? zu kalt? miserabel?

- Was tragen Sie im Winter?

- Was machen Sie gern im Winter?

- Was essen und trinken Sie gern an Wintertagen?

- Wo möchten Sie den Winter verbringen? Warum?

Thema 2:   Ein Glücksbringer

Haben Sie einen Glücksbringer (*good-luck charm*) oder einen Talisman? Ist er vielleicht ein Ring, ein Ohrring oder ein Paar Ohrringe, eine Kette (*chain*), ein Armband (*bracelet*), eine Figur oder ein Stofftier (*stuffed animal*)?

- Tragen Sie den Talisman immer, oder bleibt er in Ihrem Zimmer oder in Ihrem Auto?

- Wie beschreiben Sie ihn? (Farbe, Größe, Aussehen [*appearance*], __?__)

- Woher kommt er? (aus welchem Land? aus welcher Stadt? aus welchem Geschäft? von wem? __?__)

- Wie bringt er Ihnen Glück? Geben Sie ein Beispiel.

Thema 3:   Ein besonderer Einkaufstag (*special shopping day*).

Stellen Sie sich vor (*Imagine*): Sie gewinnen mehrere Millionen in der Lotterie. Planen Sie einen Einkaufstag.

- Wo wollen Sie einkaufen? (in welchem Land? in welcher Stadt? in welchen Geschäften? __?__)

- Wie kommen Sie dorthin? (Fahren Sie mit dem Auto? mit dem Bus? mit einem Taxi? Fliegen Sie? Gehen Sie zu Fuß [*on foot*]? __?__)

- Wer kommt mit?

- Was kaufen Sie alles? Für wen?

- Was machen Sie nach dem Einkaufen?

- ?

mussten

eine Gabel

Tee

Kapitel **6**

Wir gehen aus

Alles klar?

Schauen Sie sich das Foto an. Was sehen Sie? Mehr als eine Antwort kann richtig sein.

1. Was tragen die Personen?
   - ☐ Mützen   ☐ Hosen   ☐ Mäntel
   - ☐ Stiefel   ☐ T-Shirts   ☐ Krawatten
2. Was bringt die Kellnerin?
   - ☐ Wein   ☐ Saft   ☐ Bier vom Fass
   - ☐ Getränke   ☐ Gerichte   ☐ Eisbecher

3. Was für ein Geschäft kann das sein?

☐ eine Kneipe   ☐ ein Getränkeladen   ☐ ein Imbiss

☐ ein Lokal   ☐ ein Wirtshaus   ☐ eine Gaststätte

Wörter im Kontext

Thema 1

Lokale

Aktivität 1   Sie haben die Wahl.

Schauen sie sich die drei Anzeigen an, und vervollständigen Sie die Sätze. Schreiben Sie dann als Kurzantwort auf jede Frage „B" für La Bodega, „K" für das Restaurant zum Klösterl oder „W" für das Restaurant zum Webertor.

1. Das Restaurant heißt Opera. Wo liegt es wahrscheinlich?
   a. ganz in der Nähe von der Oper   b. weit weg von Theatern   c. an der Universität
2. Was kann man im Restaurant Opera bestellen?
   a. Spezialitäten aus der Türkei   b. türkische Küche   c. japanische Gerichte
3. In welcher Stadt findet man das Restaurant Opera?
   a. in Berlin   b. in Bonn
4. Wann hat das Restaurant Opera Ruhetag?
   a. Restaurant Opera ist täglich geöffnet.   b. Es hat keinen Ruhetag.   c. donnerstags

B. Richtig oder falsch? Kreuzen Sie an.

	RICHTIG	FALSCH
1. Das Café Restaurant Opera liegt in der Nähe von Geschäften und Theatern.	☐	☐
2. Man kann ins Café Restaurant Opera nach einem Spaziergang am Rhein, nach einem Einkaufsbummel in der Innenstadt oder nach einem Theaterbesuch gehen.	☐	☐
3. Das Café Restaurant Opera ist täglich nur zum Mittagessen geöffnet.	☐	☐
4. Hier findet man Eleganz und Gemütlichkeit.	☐	☐
5. Filiz Tosun und Müslüm Balaban bieten ihren Gästen Gastfreundschaft und deutsche Köstlichkeiten.	☐	☐
6. Das Publikum genießt Gerichte wie Lammrücken mit frischen Pilzen.	☐	☐
7. Man kann täglich Brunch auf der Terrasse essen.	☐	☐
8. Hier kann man Firmenjubiläen, Hochzeiten, Weihnachten und Silvester feiern.	☐	☐
9. Café Restaurant Opera bietet keinen Außerhaus-Partyservice wie Geschirr, Musik, Schmuck oder Bauchtanz.	☐	☐

C. Wie beschreibt man das in der Anzeige?

_____ 1. Das Restaurant ist
_____ 2. Die Köstlichkeiten sind
_____ 3. Die Erlebnisse sind
_____ 4. Das Publikum ist
_____ 5. Der Brunch ist
_____ 6. Die Terrasse ist
_____ 7. Die Anlässe sind
_____ 8. Die Atmosphäre ist

a. elegant und gemütlich.
b. begrünt (mit Grünpflanzen bedeckt).
c. feierlich.
d. schön.
e. citynah gelegen.
f. bunt gemischt.
g. türkisch und fein.
h. sonntagmorgens.

D. Laut (*according to*) einer Feinschmecker-Urkunde und Plakette ist das Café Restaurant Opera eins der besten ausländischen Restaurants in Deutschland. Hat Ihre Stadt ausländische Restaurants? Welches finden Sie am besten?

_____

_____

_____

E. Schreiben Sie eine Anzeige für Ihr Lieblingsrestaurant, Ihr Lieblingscafé, Ihre Lieblingskneipe oder Ihr Lieblingslokal.

- Wie ist die Adresse? in welcher Stadt?
- Was sind die Öffnungszeiten?
- Gibt es einen Ruhetag?
- Welche Speisen und Getränke serviert man dort?
- Welches Gericht/Getränk ist dort besonders beliebt (populär)?
- Wie ist die Atmosphäre? die Küche? der Service?
- Wie sind die Preise?
- Wer kommt gern in dieses Restaurant? (in dieses Café? in diese Kneipe? in dieses Lokal?) Warum?
- Kann man dort essen und trinken? tanzen? live Musik hören? singen ?
- Wem empfehlen Sie dieses Restaurant? (dieses Café? diese Kneipe? dieses Lokal?)

Na klar!

Beschreiben Sie diese Szene mit den folgenden Informationen: wer, was, wo, wann, warum.

_____

_____

_____

_____

_____

_____

Journal

Feiern macht Spaß! Schreiben Sie Ihre Pläne für eine Party, ein Picknick oder ein Familienfest.

- Was feiern Sie? Warum? (den Semesteranfang? das Semesterende? einen Geburtstag? eine Hochzeit? Weihnachten? Silvester? __?__)

- Wann ist die Party / das Picknick / das Fest?

- Wer ist der Ehrengast (*guest of honor*)? Warum?

- Wen laden Sie ein?

- Wo feiern Sie? (im Restaurant? in einem Tanzlokal? am Strand [*beach*]? im Wald [*forest*]? an Bord eines Schiffes? im Park? in einem Schloss [*castle*]? __?__)

- Was tragen die Gäste? (Kostüme? Sportkleidung? Winterkleidung? Sommerkleidung? Gesellschaftskleidung [*formal wear*]? Badeanzüge? __?__)

- Welche Dekorationen brauchen Sie? (Ballons? Kerzen [*candles*]? Blumen wie Rosen, Chrysanthemen, Tulpen, Dahlien, Gladiolen oder etwas anderes?)

- Was essen und trinken die Gäste? Essen sie zum Beispiel mexikanisch? italienisch? französisch? chinesisch? indisch? japanisch? äthiopisch? __?__

- Was machen die Gäste?

Kapitel 7

Freizeit und Sport

Alles klar?

Schauen Sie sich das Foto an. Markieren Sie alle passenden Antworten.

1. Wo sind diese Menschen?
   a. in einer Sporthalle
   c. in einem Stadion
   b. im Freibad
   d. auf einem Fluss

2. Welche Jahreszeit ist es?
   a. Spätfrühling
   c. Spätherbst
   b. Sommer
   d. Winter

3. Was tragen sie?
   a. Jogginganzüge
   c. Sommerkleidung
   b. Wanderschuhe
   d. Mützen

4. Was machen sie?
   a. joggen
   c. wandern
   b. Kanu fahren
   d. reiten

5. Wie ist das Wetter?
   a. Die Sonne scheint.   b. Es regnet.
   c. Es schneit.   d. Es ist bewölkt.

6. Wie ist die Temperatur?
   a. Es ist sehr kalt.   b. Es ist angenehm.
   c. Es ist schön warm.   d. Es ist kühl.

7. Was sehen Sie noch auf dem Foto?
   a. Nebel   b. Berge
   c. einen Wagen   d. viele Wolken
   e. Mopedfahrer   f. eine Wiese
   g. eine Sporthalle   h. einen dicken Wald

Wörter im Kontext

Thema 1

Sportarten

Aktivität 1   Wie und wo verbringen diese Leute ihre Freizeit?

Schreiben Sie zu jedem Bild eine Bildunterschrift (*caption*).

Herr und Frau Markus / ? / in / ein Park

BEISPIEL: *Herr und Frau Markus gehen in einem Park spazieren.*

1.

Helga / ? / auf / ein See

_____

_____

2.

Herr Dietz / ? / auf / das Meer

_____

_____

3.

Werner / ? / in / ein Hallenbad

_____

_____

4.

Käthe / ? / auf / eine Wiese

_____

_____

5.

Leni / ? / in / ihr Zimmer

_____

_____

6.

Joachim und Sigrid / ? / auf / ein Tennisplatz

_____

_____

Aktivität 2   Wohin geht man? Was macht man dort?

Benutzen Sie die Satzteile, und schreiben Sie acht vollständige Sätze.

BEISPIEL: Man geht ins Stadion und spielt Fußball.

	und	
ins Stadion		Ski fahren
in den Wald		Bodybuilding machen
auf den Tennisplatz		schwimmen
ins Eisstadion		wandern
ins Fitnesscenter		Fußball spielen
ins Schwimmbad		Schlittschuh fahren
im Winter in die schneebedeckten Berge		Judo machen
in die Sporthalle		Tennis spielen

1. _____

2. _____

3. _____

4. _____

5. _____

6. _____

7. _____

8. _____

Aktivität 3 Sportarten

Was machen sie? Ergänzen Sie jeden Satz mit einem passenden Verb.

1. Viele Menschen _____ in Ihrer Freizeit Sport.

2. Unsere Freunde _____ oft und gern Fußball.

3. Die Studenten _____ gern Baseball-Karten.

4. Wir _____ im Sommer schwimmen.

5. Die Familie Hubner _____ jeden Winter Schlittschuh.

6. Herr Becker, Sie _____ jedes Wochenende Golf, nicht wahr?

7. Du _____ fast jeden Tag Rad, nicht wahr?

8. Die Kinder _____ gern Rollschuh.

9. Ihr _____ manchmal Bodybuilding, nicht wahr?

Thema 2
Hobbys und andere Vergnügungen

Aktivität 4 Was machen sie gern in ihrer Freizeit?

Sagen Sie, was jede Person gern macht. Schreiben Sie Sätze.

> BEISPIEL: *Annika: collects stamps* → Annika sammelt gern Briefmarken.

1. *Willi: does bodybuilding*

   _____

2. *Petra and her (female) friends: jog*

   _____

3. *Claudia: paints*

   _____

4. *Dirk: draws*

   _____

5. *Christel: rides a bicycle*

   _____

6. *Heike and Max: play chess*

   _____

7. *Eva: ice skates*

   _____

8. *Jürgen and his brothers: swim*

   _____

9. *Monika: blogs*

_____

10. *Stefan: lies around doing nothing*

_____

Thema 3
Jahreszeiten und Wetter

Aktivität 5   Was für Wetter ist das?

A. Schreiben Sie das passende Substantiv zu jedem Bild.

1.   2.   3.

   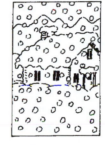   

4.   5.   6.   7.

1. _der Schauer_ _____   5. _____

2. _____   6. _____

3. _____   7. _____

4. _____

B. Wählen Sie jetzt ein Wort aus der vorhergehenden Aktivität, und schreiben Sie ein Rätsel.

BEISPIEL: Ich komme im Frühling und bringe Wasser für Blumen. Ich bin kühl aber nicht
unangenehm. Was bin ich?*

_____

_____

_____

_____

_____

_____

*Antwort: ein Schauer

Aktivität 6 Wie ist das Wetter?

Wie kann man das anders sagen?

> BEISPIEL: Ist es sonnig? → Scheint die Sonne?

1. Heute ist es in Deutschland regnerisch.

   _____

2. Gibt es morgen auch ein Gewitter?

   _____

3. Vielleicht gibt es morgen Schnee.

   _____

4. Gestern war es sonnig.

   _____

5. Gibt es oft Nebel?

   _____

6. Im Frühling ist es angenehm.

   _____

Aktivität 7 Wie ist das Wetter in Deutschland?

Schauen Sie sich die Wetterkarte an, und schreiben Sie Kurzantworten.

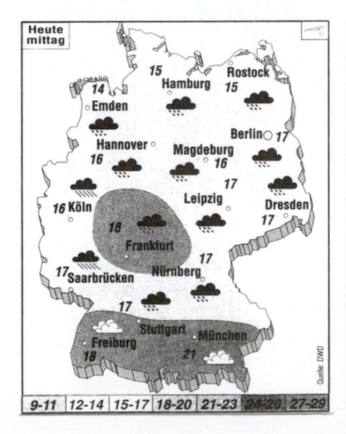

1. Wie ist das Wetter in Saarbrücken?   _____

2. Was für Wetter gibt es in Dresden?   _____

3. Wie ist das Wetter in Freiburg?   _____

4. Was ist die Temperatur in Emden?   _____

5. Sieht man heute in Deutschland die Sonne?   _____

Aktivität 8   Wie finden Sie das Wetter?

Ein Reporter fragt diese Frau über das Wetter. Schreiben Sie passende Antworten.

REPORTER: Woher kommen Sie ?

FRAU: _____

REPORTER: Regnet es oft dort?

FRAU: _____

REPORTER: So, wie gefällt Ihnen das Wetter heute in unserer Stadt?

FRAU: _____

_____

REPORTER: Was machen Sie an regnerischen Tagen gern?

FRAU: _____

_____

REPORTER: Was für Wetter haben Sie besonders gern?

FRAU: _____

_____

Wortraum

A. Was sind Ihre Lieblingssportarten, -hobbys und -freizeitaktivitäten? Schreiben Sie mindestens (*at least*) zehn Wörter.

B. Beschreiben Sie in vollständigen Sätzen einen idealen Tag. Wie ist das Wetter? Wo sind Sie? Was machen Sie?

_____

_____

_____

_____

_____

_____

_____

Grammatik im Kontext

Connecting Ideas: Coordinating Conjunctions

Übung 1   Pläne für einen Tag auf dem Land

Welches Satzende passt am besten zu welchem Satzanfang?

1. Die Sonne scheint heute früh, _____

2. Wir wollen nicht zu Hause bleiben, _____

3. Wir wandern im Wald, _____

4. Wir können ins Wirtshaus zum Mittagessen gehen _____

5. In dieser Jahreszeit sind die Wälder _____

6. Auch gibt es nicht so viele Touristen, _____

7. Ich rufe Karin _____

8. Vielleicht möchten sie mitkommen, _____

9. Wir können alle in meinem Auto fahren _____

a. sondern aufs Land fahren.
b. denn sie arbeiten heute nicht.
c. und Gerhard an.
d. oder wir können zwei Autos nehmen.
e. oder weiter aufs Land fahren.
f. aber es ist kühl und windig.
g. oder vielleicht segeln wir auf dem Kiessee.
h. und Wiesen besonders schön.
i. denn die Ferienzeit ist schon vorbei.

Expressing Events in the Past: The Present Perfect Tense

Weak Verbs

Übung 2   Freizeitaktivitäten

Zwei Frauen sprechen miteinander. Schreiben Sie das Gespräch neu im Perfekt.

FRAU WAGNER: Was machen Sie in Ihrer Freizeit?
FRAU HUBERT: Ich sammle Briefmarken und spiele Karten. Ich koche auch viel. Und Sie?
FRAU WAGNER: Ich zeichne, male und arbeite im Garten.
FRAU HUBERT: Hören Sie auch Musik?
FRAU WAGNER: Ja natürlich. Mein Mann und ich faulenzen auch. Dann hören wir gern Jazz.

FRAU WAGNER: _____

FRAU HUBERT: _____

_____

_____

FRAU WAGNER: _____

_____

_____

FRAU HUBERT: _____

FRAU WAGNER: _____

_____

_____

Strong Verbs

Übung 3   Was fragt man sie?

Viele Studenten und Studentinnen haben neben dem Beruf auch studiert. Was fragt man sie? Bilden Sie Fragen im Perfekt.

BEISPIEL: Gehst du am Abend oder Wochenende in die Hochschule? →
Bist du am Abend oder Wochenende in die Hochschule gegangen?

1. Sitzt du stundenlang vor dem Computer?

_____

2. Wie viele Stunden schläfst du pro Nacht?

_____

3. Sprecht ihr oft mit anderen Studenten und Studentinnen?

_____

4. Wie viele Bücher lest ihr pro Kurs?

_____

5. Wie viele Tassen Kaffee trinkst du pro Tag?

_____

6. Bleibst du am Abend und Wochenende zu Hause?

_____

7. Wie oft fahrt ihr in der Freizeit aufs Land?

_____

8. Wie oft geht ihr ins Kino?

_____

9. Wie findet ihr die Kurse?

_____

The Use of **haben** or **sein** as Auxiliary

Übung 4   Der neue Millionär

„Das kann doch nicht wahr sein:
Ich hab' 10 Millionen
gewonnen?"

Das können Sie jetzt auch!
Lesen Sie weiter!

Der Mann beschreibt, was er letztes Jahr als Millionär gemacht hat. Bilden Sie Sätze im Perfekt.

1. ich / machen / keine Arbeit mehr

   _____

2. wir / fliegen / zehn Wochen / nach Hawaii

   _____

3. ich / bleiben / fast nie zu Hause

   _____

4. ich / fahren / oft / in Österreich / Ski

   _____

5. wir / essen / oft / in Restaurants

   _____

   _____

6. meine Eltern / kommen / oft zu Besuch

   _____

7. wir / gehen / oft / in die Oper

   _____

   _____

Mixed Verbs / Past Participles of Verbs with Prefixes

Übung 5   Uwes Geburtstagsparty

Vervollständigen Sie alle Fragen im Perfekt.

1. Was _____ denn an deinem Geburtstag _____? (passieren)

2. Wie _____ du den Abend _____? (verbringen)

3. _____ du _____, (wissen) dass deine Freunde das ganze

   Restaurant für deine Party reserviert hatten?

4. Was _____ du zum Abendessen _____? (bestellen)

5. Wen _____ man _____? (einladen)

6. _____ du alle Partygäste _____? (kennen)

7. _____ deine Eltern viel _____? (fotografieren)

8. Was _____ du zum Geburtstag _____? (bekommen)

9. _____ Claudia dir ein Geschenk _____? (bringen)

10. Wann _____ du nachts _____? (einschlafen)

Übung 6   Ich habe das schon gemacht!

Tims Schwester glaubt, dass er deprimiert (*depressed*) ist und macht Vorschläge (*suggestions*), aber er hat das alles schon gemacht.

Mach mal Pause von Zuhause – geh in's KINO

HEIMGARTEN KINO mit Dolby Surround System
Oberammergau – **täglich geöffnet.**

Vorher oder nachher in das **Kino-Café**
Täglich geöffnet von 19 - 02 Uhr,
Fr. u. Sa. von 19 - 03 Uhr · Kein Ruhetag

Oberammergau · St. Lukasstr. 11 · Tel. 0 88 22/49 60

BEISPIEL: Steh auf. →
            Ich bin schon aufgestanden.

1.   Räum dein Zimmer auf.

   _____

2.   Ruf deine Freunde an.

   _____

3.   Mach mal Pause von Zuhause.

   _____

4.   Geh in die Disco.

   _____

5.   Komm mal mit deinen Freunden vorbei.

   _____

6.   Fang ein Projekt an.

   _____

Expressing Comparisons: The Comparative

Übung 7 Wie ist es gewöhnlich?

BEISPIEL: Briefmarke / klein / Postkarte →
Eine Briefmarke ist kleiner als eine Postkarte.

1. Wiese / groß / Stadtpark

_____

2. Gewitter / stark / Regenschauer

_____

3. Pullover / warm / Hemd

_____

4. Fluß / lang / Straße

_____

5. Eisstadion / kühl / Fitnesscenter

_____

6. Wintertage / kurz / Sommertage

_____

Expressing Equality

Übung 8 Was sagt der Neinsager?

Schreiben Sie eine negative Antwort auf jede Frage. Verwenden Sie **nicht so ... wie** und den Komparativ in Ihrer Antwort wie im Beispiel.

BEISPIEL: Ist es im Ausland <u>so schön wie</u> zu Hause? →
Nein, im Ausland ist es <u>nicht so schön wie</u> zu Hause. Zu Hause ist es <u>schöner</u>.

1. Ist es zu Hause so kalt wie hier?

_____

_____

2. Findest du Fußball so interessant wie Tennis?

_____

_____

3. Ist der Film so gut wie das Buch?

_____

_____

4. Isst du Gemüse so gern wie Schokolade?

_____

_____

5. Gefällt dir das Hotel so gut wie das Restaurant?

_____

_____

6. Macht dir Wandern so viel Spaß wie Schwimmen?

_____

_____

Sprache im Kontext

Lesen

A. Schauen Sie sich die Broschüre an und überfliegen Sie den Text. Was wissen Sie schon? Mehr als eine Antwort kann richtig sein.

1. Die Broschüre ist für
   a. ein Hotel.　　　b. eine Brauerei.　　　c. einen Gasthof.　　　d. einen Biergarten.

2. Der Text beschreibt …

   a. das Hotel und die Zimmer.

   b. die Heimatstadt Sulzbach-Rosenberg.

   c. die Umgebung (*vicinity*) von Sulzbach-Rosenberg.

   d. das Sulzbach-Rosenberger Stadtwappen (*coat of arms*).

B. Was kann man in Sulzbach-Rosenberg für den Körper, für den Geist (*mind*) und für das Gemüt (*soul, pleasure*) machen? Lesen Sie die Broschüre und füllen Sie die Tabelle aus.

"Unsere Heimat:"

Vielfältig wertvoll[1]

Ab vom hektischen *Trubel* der Zentren und dennoch[2] pulsierend im Leben..., so könnte man am besten unsere Heimat[3] beschreiben.[4]
Bei uns finden Sie:

... für den *Körper* die Sportanlage mit Tennis, Squash und Fitnesscenter, das Waldbad, golfen (auf 7 verschiedenen Plätzen), entspanntes[5] Wandern in der Umgebung oder Radeln[6] on Tour;

... für den *Geist* das 1. Bayerische Schulmuseum, das Literaturarchiv und im Stadtmuseum die Geschichte[7] der über 1000-jährigen Altstadt;

... für's *Gemüt* vielfältige Aktivitäten der örtlichen[8] Vereine und Institutionen.

Nah gelegene Ziele[9] wie Bayreuth, Regensburg, Nürnberg, München, Prag, Weiden oder Amberg sind einen Tagesausflug wert.[10]

Übrigens ist die *Nürnberg Messe* sehr schnell und günstig über die Nahverkehrsanbindung in ca. 45 Min. mit der Bahn zu erreichen.

Wenn Sie möchten arrangieren wir gerne für Sie alles weitere.

Sulzbach-Rosenberger
Stadtwappen

WILLKOMMEN IM

Brauereigasthof
H o t e l

Sperber BRÄU

[1]Vielfältig ... *valuable in many ways*
[2]*nonetheless*
[3]*home town*
[4]*describe*
[5]*relaxed*
[6]Rad fahren
[7]*history*
[8]*local*
[9]*destinations*
[10]Tagesausflug ... *worth a day trip*

Was gibt's in Sulzbach-Rosenberg?

FÜR DEN KÖRPER	FÜR DEN GEIST	FÜR DAS GEMÜT

C. Welche Städte liegen in der Nähe von Sulzbach-Rosenberg?

a. _____   e. _____

b. _____   f. _____

c. _____   g. _____

d. _____

D. Wie weit ist Nürnberg von Sulzbach-Rosenberg mit der Bahn?

_____

LANDESKUNDE-INFO

With 150,000 square meters of exhibition space and an outdoor area of 76,000 square meters, the exhibition venue in Nuremberg hosts many international trade fairs and congresses throughout every year. A particularly well-known **Nürnberg Messe** is the annual international **Spielwarenmesse** (*toy fair*), which draws exhibitors, industry leaders, and visitors from all over the world.

E. Lesen Sie die folgende Beschreibung von einem Wochenende in Sulzbach-Rosenberg. Schreiben Sie sie im Perfekt neu.

Am Wochenende fahren wir aus der Stadt München nach Sulzbach-Rosenberg, denn wir suchen Ruhe. Max und Sonja spielen Tennis, und ich gehe ins Fitnesscenter. Dann fährt Max mit der Bahn nach Nürnberg, aber Sonja und ich bleiben in Sulzbach-Rosenberg. Max besucht die Nürnberg Messe (*trade fair*), aber Sonja und ich verbringen zwei Stunden im Stadtmuseum. Wir sehen dort viel, und wir hören auch die Geschichte von der Altstadt. Das Hotel arrangiert alles für uns.

Na klar!

 Stellen Sie sich vor (*imagine*): Sie haben diese zwei Personen letzten Sommer in Europa kennengelernt. Was haben sie Ihnen gesagt? Schreiben Sie einen kurzen Bericht.

- Wie heißen sie?
- Wo haben Sie sie kennengelernt?
- Woher sind sie gekommen?
- Wie haben sie ihren Sommer in Europa verbracht?
- Welche Städte oder Länder haben sie besucht?
- Wie haben sie dort alles gefunden?
- Wie war das Wetter?
- Warum sind sie mit dem Moped gefahren?

Journal

Was haben Sie letztes Wochenende gemacht? Schreiben Sie darüber. Die folgenden Fragen geben Ihnen vielleicht einige (*some*) Ideen.

- Sind Sie zu Hause geblieben?

  Wenn ja: Waren Sie krank (*sick*)?

  War jemand (*someone*) bei Ihnen zu Gast?

  Hatten Sie viel Arbeit?

  Haben Sie für Ihre Kurse gearbeitet? lange geschlafen? ferngesehen? Videos gesehen? gekocht? Briefe geschrieben? Freunde angerufen? E-Mails geschickt? Bücher oder Zeitung gelesen? __?__

- Sind Sie ausgegangen?

  Wenn ja: Wohin sind Sie gegangen? ins Kino? ins Restaurant? ins Rockkonzert? in die Oper? ins Theater __?__

  Wie war der Film? das Essen? das Konzert? die Oper? das Schauspiel (*play*)?

- Sind Sie vielleicht auf eine Party gegangen?

  Wenn ja: Wer war dabei?

  Was haben Sie gegessen und getrunken?

  Haben Sie Musik gehört? getanzt?

- Sind Sie irgendwohin (*somewhere*) mit dem Auto, mit dem Bus oder mit dem Flugzeug gefahren?

  Wenn ja: Ist jemand mitgefahren oder sind Sie allein gefahren?

  Haben Sie Freunde oder Familie besucht?

  Was haben Sie mit ihnen unternommen?

- Haben Sie eingekauft?

  Wenn ja: Wohin sind Sie einkaufen gegangen?

  Was haben Sie gekauft?

  Haben Sie jemandem etwas geschenkt?

Wie man fit und gesund bleibt

Kapitel 8

Alles klar?

Identifizieren Sie die Körperteile.

1. *head:* _der Kopf_
2. *face:* _____
3. *eye:* _____
4. *nose:* _____
5. *mouth:* _____
6. *chin:* _____

7. *stomach:* _____
8. *leg:* _____
9. *knee:* _____
10. *foot:* _____
11. *finger:* _____
12. *hand:* _____

13. *arm:* _____   16. *shoulder:* _____

14. *elbow:* _____   17. *throat, neck:* _____

15. *chest:* _____

Wörter im Kontext

Thema 1

Fit und gesund

Aktivität 1 Die Gesundheit

1. Machen Sie in jeder Reihe einen Kreis um das Wort, das nicht passt.

   a. Gesundheit   Grippe   Erkältung
   b. Fieber   Rat   Kopfschmerzen
   c. Termin   Luft   Sprechstunde
   d. Arbeit   Bioladen   Biolebensmittel
   e. Arzt   Schnupfen   Husten

2. Ergänzen Sie jetzt die Sätze mit den passenden Wörtern.

   a. Wenn man krank ist, ruft man einen _____ an.

   b. Wenn man die Grippe hat, hat man oft_____ und

      _____ .

   c. Im Bioladen kann man _____ kaufen.

   d. Man soll einen _____ haben, bevor man zum Arzt oder
      zur Ärztin geht.

Aktivität 2 Gute Ratschläge für ein gesundes Leben

Ergänzen Sie die Sätze. Nicht alle Verben passen. Manchmal kann mehr als ein Verb richtig sein.

klingen	versuchen	verschreiben	gehen
meditieren	reduzieren	verbringen	
machen	rauchen	schlucken	achten	essen

1. _____ Sie auf das Gewicht.

2. _____ Sie, das Fett im Essen zu reduzieren.

3. _____ Sie Stress im Alltagsleben.

4. _____ Sie öfter vegetarisch.

5. _____ Sie oft zu Fuß.

6. _____ Sie mindestens einmal im Jahr Urlaub.

7. _____ Sie regelmäßig.

8. _____ Sie mindestens eine Stunde am Tag draußen an der frischen Luft.

9. _____ Sie nicht.

Thema 2
Der menschliche Körper

Aktivität 3   Körperteile

Schreiben Sie die Paare auf Deutsch.

1. *head and hair* _____

2. *eyes and ears* _____

3. *nose and mouth* _____

4. *face and chin* _____

5. *neck and shoulders* _____

6. *stomach and back* _____

7. *arms and legs* _____

8. *hands and feet* _____

9. *elbows and knees* _____

10. *fingers and toes* _____

Thema 3

Morgenroutine

Aktivität 4   Aktivitäten aus dem Alltag

Was machen diese Menschen?

 Hans Christian

 Herr Otto

 Hanna   Matthias

 Frau Schubert
Herr Steckel
Frau Röttger

 Gabriele

 Frau Henze

1. Hans Christian _____.

2. Herr Otto _____.

3. Hanna und Matthias _____.

4. Frau Schubert, Herr Steckel und Frau Röttger _____.

5. Gabriele _____.

6. Frau Henze _____.

Aktivität 5   Und Sie?

Beantworten Sie jede Frage. (*Notice that the pronoun* sich [*yourself*] *becomes* mich [*myself*] *in the answer.*)

>   BEISPIEL: Duschen Sie sich jeden Tag?
>   Ja, ich dusche mich jeden Tag.
>   *oder*   Nein, ich dusche mich nicht jeden Tag.

1. Kämmen Sie sich jeden Morgen?

   _____

2. Strecken Sie sich oft?

   _____

3. Verletzen Sie sich manchmal?

_____

4. Müssen Sie sich immer beeilen?

_____

5. Können Sie sich am Abend entspannen?

_____

6. Möchten Sie sich fit halten?

_____

7. Fühlen Sie sich immer gesund?

_____

8. Erkälten Sie sich leicht?

_____

Aktivität 6   Wie sagt man das auf Deutsch?

Schreiben Sie den Dialog auf Deutsch.

JAN: *You sound depressed, Sara.*
SARA: *I feel sick as a dog.*
JAN: *What's the matter with you?*
SARA: *I have the flu. My throat hurts, and I can hardly swallow.*
JAN: *Do you have (a) fever?*
SARA: *Yes, also (a) cough and a runny nose.*
JAN: *What bad luck. Have you called your doctor?*
SARA: *I'm going to do that today.*
JAN: *Well, get well.*
SARA: *Thanks.*

JAN: _____

SARA: _____

JAN: _____

SARA: _____

_____

JAN: _____

SARA: _____

JAN: _____

SARA: _____

JAN: _____

SARA: _____

Wortraum

A. Zeichnen Sie einen Menschen und gebrauchen Sie die entsprechenden Wörter für die Körperteile. Ihr Mensch kann stehen, sitzen oder liegen.

B. Beschreiben Sie die Figur in **A** in vollständigen Sätzen.

_____

_____

_____

_____

Grammatik im Kontext

Connecting Sentences
Subordinating Conjunctions

Übung 1   Warum machen Sie das?

A. Schreiben Sie Sätze mit **ich** und **weil.**

> BEISPIEL: lesen / sich informieren wollen
> Ich lese, weil ich mich informieren will.

1. lesen / immer etwas lernen wollen

    _____

    _____

2. reisen / andere Länder sehen wollen

    _____

    _____

3. Biolebensmittel essen / gesund bleiben wollen

    _____

    _____

4. laufen / fit werden wollen

    _____

    _____

5. manchmal zum Arzt gehen / Rat brauchen

    _____

    _____

6. leicht einschlafen / oft müde sein

    _____

    _____

B. Lesen Sie die Sätze in **A.** Wenn es bei Ihnen auch so ist, schreiben sie im Rand (*margin*) **Ja!** Wenn nicht, schreiben Sie **Nein!**

Übung 2 Ausdrücke

A. Schreiben Sie die Ausdrücke als Sätze mit **dass.**

> BEISPIEL: Schön. / Sie waren bei uns. →
> Schön, dass Sie bei uns waren!

1. Schön. / Ich war im Frühling hier.

   _____

2. So ein Pech. / Du hast dich verletzt.

   _____

3. Macht nichts. / Ihr seid spät angekommen.

   _____

4. Nichts zu danken. / Wir haben Getränke mitgebracht.

   _____

   _____

5. Schön. / Unsere Freunde verbringen den Sommer bei uns.

   _____

   _____

6. Macht nichts. / Du hast schon etwas vor.

   _____

B. Schreiben Sie an jemanden nur eine Zeile. Beginnen Sie Ihren Satz mit **Schön, dass** oder **So ein Pech, dass.**

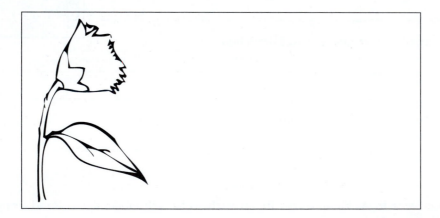

Übung 3   Tim und Julia wissen nicht, was sie wollen.

SPRACH-INFO

The German words **die Ferien** (*pl.*) and **der Urlaub** both correspond to the English word *vacation*. **Ferien** refers to all holidays and school vacations, whereas **Urlaub** generally refers to the vacation time that one earns from a job.

„*Jetzt sind schon drei Urlaubstage um, und wir wissen immer noch nicht, wo wir eigentlich hinwollen*"

1. Edit the following paragraph to combine sentences with the conjunctions in parentheses. The first portion is done for you to indicate the types of changes you will need to make and how to mark those changes.

    ℐ = delete: Sie wissen ~~das~~,

    ∧ = insert: Sie wissen, dass sie … verbringen ∧wollen.

    ß = lowercase the letter: dass ß̶ie …

    Tim und Julia haben Urlaub, (aber) Sie haben noch keine Pläne. Sie wissen, das. (dass)

    Sie ~~wollen~~ den ganzen Urlaub nicht im Hotelzimmer verbringen. wollen. Tim liest laut aus

    Reisebroschüren vor. Julia spricht nicht. (sondern) Sie hört zu. Die beiden können

    nicht in die Oper gehen. (denn) Sie haben nicht genug Geld dafür. Sie können nicht

    schwimmen gehen. (weil) Das Hotel hat weder Hallenbad noch Freibad. Tim weiß

    das. (dass) Julia möchte durchs Einkaufszentrum bummeln. (aber) Er will nicht

    mitgehen. Julia weiß das. (dass) Tim möchte gern ein Fußballspiel im Stadion sehen.

    (aber) Sie interessiert sich nicht dafür. Julia sagt: (wenn) „Du gehst ins Stadion. Ich

    gehe einkaufen." (aber) Tim sagt: (wenn) „Wir sind in Urlaub. Wir sollten (*should*) die

    Zeit zusammen verbringen."

2. Now rewrite the paragraph, making all the changes you indicated.

Übung 4 Was darf das Kind (nicht) machen, wenn …?

Schreiben Sie Sätze mit **wenn** und Modalverben.

BEISPIEL: (wenn) Ich bin schön brav. / (dürfen) Ich sehe mit meinem Bruder fern. →
Wenn ich schön brav bin, darf ich mit meinem Bruder fernsehen.

1. (wenn) Ich räume mein Zimmer auf. / (dürfen) Ich gehe mit Papi aus.

_____

_____

2. (wenn) Ich mache meine Hausaufgaben. / (können) Ich spiele draußen.

_____

_____

3. (wenn) Ich stehe samstags früh auf. / (können) Wir fahren aufs Land.

_____

_____

4. (wenn) Ich esse mein Gemüse. / (dürfen) Ich habe Schokolade.

_____

_____

5. (wenn) Ich wasche mir die Hände nicht. / (dürfen) Ich esse nicht am Tisch.

_____

_____

Indirect Questions

Übung 5   Das weiß ich nicht.

Beantworten Sie die Fragen wie im Beispiel.

> BEISPIEL: Warum bin ich krank? →
> Ich weiß nicht, warum du krank bist.

1. Warum habe ich keine Energie?

_____

_____

2. Was fehlt mir?

_____

3. Wen soll ich anrufen?

_____

4. Wie kann ich wieder fit und gesund werden?

_____

_____

5. Wann fühle ich mich wieder wohl?

_____

_____

Reflexive Pronouns and Verbs
Verbs with Accusative Reflexive Pronouns

Übung 6   Fit und Gesund

Schreiben Sie Sätze wie im Beispiel.

> BEISPIEL: sie (*sg.*) / sich erholen müssen →
> Sie muss sich erholen.

1. ich / sich regelmäßig strecken sollen

_____

2. du / sich nicht beeilen sollen

_____

3. wir / sich nicht erkälten dürfen

_____

4. ihr / sich hier hinsetzen dürfen

_____

5. Sie / sich über Vitamine informieren müssen

_____

6. er / sich nicht entspannen können

_____

Übung 7   Ein Rezept für ein langes, gesundes Leben

Herr Kahn ist ein Gesundheitsfanatiker. Vor dreißig Jahren hat er zu seinem Enkel gesagt:

Ich halte mich fit. Ich esse gesund und trinke viel Wasser. Ich treibe regelmäßig Sport. Zweimal pro Woche spiele ich Tennis. Ich gehe jeden Morgen schwimmen, und jedes Wochenende laufe ich. Ich rauche nie und nehme nur selten Medikamente. Manchmal erkälte ich mich. Dann nehme ich Vitamintabletten ein und trinke viel Orangensaft. Ich bleibe zu Hause und erhole mich. Bald werde ich wieder gesund. Einmal pro Jahr gehe ich zum Arzt. Ich halte die Gesundheit für wichtig.

Heute ist Herr Kahn fast neunzig Jahre alt. Er erklärt seinen Urenkelkindern jetzt, was er früher gemacht hat, um (_in order_) ein langes, gesundes Leben zu haben. Schreiben Sie den vorhergehenden Absatz im Perfekt.

_____

_____

_____

_____

_____

_____

_____

_____

_____

_____

_____

Verbs with Reflexive Pronouns in the Accusative or Dative

Übung 8   Minidialoge

Setzen Sie die fehlenden Reflexivpronomen ein.

A: Was wünschst du _____ zum Geburtstag?

B: Ich wünsche _____ ein Fahrrad.

C: Wo hast du _____ erkältet?

D: Ich habe _____ letzte Woche beim Schwimmen erkältet.

E: Bevor ich _____ morgens dusche, putze ich _____ die Zähne.

Danach ziehe ich _____ an.

F: Interessiert ihr _____ für Tennis?

G: Nein, wir interessieren _____ nur für Fußball.

H: Wo hast du _____ den Trainingsanzug gekauft?

I: Den habe ich _____ nicht gekauft, sondern als Geschenk bekommen.

Übung 9   Freundlicher Rat?

Schreiben Sie die Sätze auf Deutsch.

BEISPIEL: *Why don't you put on a sweater?* →
Zieh dir doch einen Pullover an.

1. *Why don't you comb your hair?*

_____

2. *Why don't you wash your hands?*

_____

3. *Why don't you brush your teeth?*

_____

4. *Why don't you relax more often?*

_____

5. *Why don't you put your coat on?*

_____

6. Why don't you get dressed?

_____

7. Why don't you make yourself some tea?

_____

8. Why don't you lie down on the sofa?

_____

9. Why don't you shave?

_____

10. Why don't you hurry?

_____

11. Why don't you put your shoes on?

_____

Expressing Reciprocity

Übung 10 Die Liebe

Sofies Großmutter stellt ihr Fragen über sie und ihren Freund Lukas. Schreiben Sie die Fragen auf Deutsch. Benutzen Sie die **ihr**-Form.

1. _How often do you see each other?_

_____

2. _Do you often call each other?_

_____

3. _Where do you like to meet?_

_____

4. _Do you love each other?_

_____

5. _How long have you known each other?_

_____

Sprache im Kontext

Lesen

10 Fragen an Christian Wolff

„Stress lasse ich nicht an mich ran[1]"

Parade-Rolle: Christian Wolff als Förster in der TV-Serie „Forsthaus Falkenau"

1. Wann hatten Sie zuletzt richtig Spaß am Leben?
Vorhin beim Spaziergang mit meiner Frau und unseren Hunden.

2. Welchem Genuss[2] können Sie nicht widerstehen[3]?
Einem guten Rotwein.

3. Wie reagieren Sie auf Stress?
Ich lasse ihn gar nicht erst an mich ran.

4. Welche Erfahrungen[4] haben Sie mit Diäten?
Ich muss mich cholesterinbewusst ernähren[5]: Keine Eier, keine Butter – wenig tierische Fette. Und daran halte ich mich auch konsequent[6].

5. Was ist Ihr dominierender Charakterzug[7]?
Mein Gerechtigkeitssinn[8].

6. Welche Dinge machen Sie „krank"?
Unprofessionalität und Unordnung[9].

7. Was ist Ihr schönstes Urlaubsziel und warum?
Italien – wegen seiner Landschaft, der Menschen, der Küche und der Nähe.

8. Was ist Ihr größtes Versäumnis[10]?
Dass ich nie ein Musikinstrument erlernt habe.

9. Mein schönster Grund morgens aufzustehen ...[11]
Der Blick[12] durchs Schlafzimmerfenster in die Natur.

10. Ihr Lebensmotto?
Wer in die Vergangenheit blickt, verdient keine Zukunft[13].

[1]Stress ... *I don't let stress get to me.* [2]*pleasure*
[3]*resist* [4]*experiences* [5]*nourish* [6]Und ... *And I do that consistently* [7]*character trait* [8]*sense of justice* [9]*untidiness, disorder* [10]*regret (having neglected to do something)* [11]Mein ... *My main reason for getting up in the morning* [12]*view* [13]Wer ... *He who looks to the past deserves no future.*

A. Schauen Sie sich das Bild an und lesen Sie die Bildunterschrift (*caption*) und die Überschriften (*headings*). Vervollständigen Sie dann die Sätze.

1. _____ ist Schauspieler (Fernsehstar).

2. Er spielt die Rolle von einem _____ (*forest ranger*).

3. Sein Charakter hat einen _____. Christian Wolff hat auch selbst Hunde.

4. Die Fernsehserie heißt _____.

5. Hier stellt man zehn _____ an Christian Wolff.

6. Für Christian Wolff ist _____ kein Problem.

B. Lesen Sie nur die zehn Fragen im Artikel. Lesen Sie dann jede Frage mit Antwort mindestens zweimal. Lesen Sie dann den ganzen Artikel noch einmal durch, und füllen Sie die Tabelle aus.

	Christian Wolff	ich
1. Was bringt Ihnen Spaß am Leben?		
2. Welchem Genuss können Sie nicht widerstehen?		
3. Wie reagieren Sie auf Stress?		
4. Welche Erfahrungen haben Sie mit Diäten?		
5. Welche Eigenschaft beschreibt Sie besonders gut?	Gerechtigkeitssinn; ich will immer fair sein.	
6. Was macht Sie „krank"?		
7. Wo möchten Sie Urlaub machen? Warum?		
8. Was haben Sie noch nicht gemacht?		
9. Was ist Ihr schönster Grund, morgens aufzustehen?		
10. Was ist Ihr Lebensmotto?	Ich sehe nicht in die Vergangenheit, sondern in die Zukunft.	

C. Wie haben Sie die Fragen beantwortet? Benutzen Sie Ihre Notizen vom Lesetext auf Seite 155 und schreiben Sie eine vollständige Antwort auf jede Frage.

Na klar!

Schauen Sie sich das Foto an und spekulieren Sie. Beantworten Sie dann die Fragen mit vollständigen Sätzen.

1. Wie ist das Wetter heute?

   _____

2. Welche Jahreszeit ist es?

   _____

3. Wo wohnen diese zwei Personen?

   _____

4. Warum laufen sie?

   _____

   _____

5. Wann und wie oft laufen sie?

   _____

6. Was machen sie sonst noch für die Gesundheit?

   _____

   _____

Journal

 Schauen Sie sich den Cartoon an. Was sagt das erwachsene Mondwesen (*moon creature*) zu den Kleinen? Wie verhält sich (*behaves*) der Mensch auf dem Mond? Verhält er sich total anders (*differently*) auf der Erde? Wählen Sie ein Thema, und schreiben Sie darüber.

Thema 1: Sie als Mensch. Schreiben Sie über einige oder alle der folgenden Aspekte Ihres Lebens auf der Erde.

- Aussehen: wie Sie als Mensch aussehen
- Orte: woher Sie kommen, wo Sie wohnen, wohin Sie reisen
- tägliche Routine: was Sie jeden Tag machen müssen
- Freizeitaktivitäten: was Sie gern machen
- soziales Leben: Familie und Freunde
- Berufspläne: was Sie von Beruf sind oder sein möchten und warum
- Träume: was Sie wollen, was für Sie im Leben wichtig ist

Thema 2: Der Mensch. Beschreiben Sie so ausführlich wie möglich (so ... *as fully, in as much detail as possible*) das menschliche Leben.

- wie ein Mensch aussieht
- wie ein Mensch sich verhält
- was ein Mensch im Leben macht oder will
- die Beziehungen (*relationships*) zwischen Menschen
- ?

MIT PAPAN

"NEIN, NEIN, KINDER !! IN SEINEM NATÜRLICHEN LEBENSRAUM VERHÄLT SICH DER MENSCH NATÜRLICH TOTAL ANDERS !"

Kapitel **9**

In der Stadt

Alles klar?

Schauen Sie sich dieses Foto von Bonn an. Hier sehen Sie den Münsterplatz mit einem Denkmal (*monument*) von Beethoven vor dem Postamt. Was sehen Sie sonst auf diesem Foto? Kreuzen Sie an.

		JA	NEIN	VIELLEICHT
1.	eine Füßgängerzone	☐	☐	☐
2.	Autos und Busse	☐	☐	☐
3.	eine Kirche	☐	☐	☐
4.	die Innenstadt	☐	☐	☐
5.	viele Passanten	☐	☐	☐
6.	einen Parkplatz	☐	☐	☐
7.	Geschäfte	☐	☐	☐
8.	Hotels und Restaurants	☐	☐	☐
9.	einen Bahnhof	☐	☐	☐
10.	ein Straßencafé	☐	☐	☐
11.	Schnee auf der Straße	☐	☐	☐
12.	eine Ampel	☐	☐	☐

Wörter im Kontext

Thema 1
Unterkunft online buchen

Aktivität 1 Was für Unterkunft sucht man?

Hier sehen Sie ein altmodisches (*old-fashioned*) Hotelzimmer. Identifizieren Sie jedes Objekt und schreiben Sie die Wörter mit Pluralform in die Liste.

1. _das Einzelzimmer, -_
2. _____
3. _die Wäsche_
4. _____
5. _das Handtuch, -̈er_
6. _____
7. _____
8. _____
9. _____

10. _____
11. _____
12. _____
13. _____
14. _die Heizung_
15. _die Klimaanlage, -n_
16. _____
17. _die Toilette, -n_
18. _____

Welche Wörter und Ausdrücke beschreiben das Zimmer auf Seite 160? Kreuzen Sie an.

- ☐ Einzelzimmer ohne Bad
- ☐ Fernseher
- ☐ Dusche und WC
- ☐ Einzelzimmer mit Bad
- ☐ Klimaanlage und Heizung
- ☐ Mehrbettzimmer mit WC

Aktivität 2 Unterkunft in der Stadt

Ergänzen Sie die Sätze.

1. Die Stadtmitte heißt auch die _____.

2. Ein Hotel hat eine günstige _____, wenn es in der Nähe von

   Restaurants, Kinos, Museen usw. liegt.

3. Man kann das Auto auf einen _____ stellen.

4. Junge Leute können billige Unterkunft in einer _____ finden.

5. Ein Zimmer mit zwei Betten heißt ein _____.

6. Ein Zimmer mit nur einem Bett heißt ein _____.

Thema 2

Im Hotel

Aktivität 3 Lisa besucht Koblenz.

Vervollständigen Sie die Sätze auf Seite 162 mit den richtigen Wörtern.

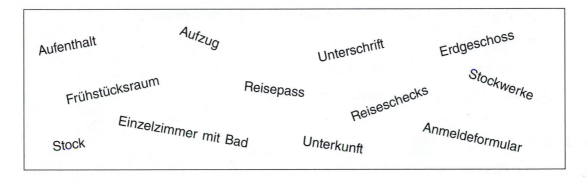

Aufenthalt   Aufzug   Unterschrift   Erdgeschoss

Frühstücksraum   Reisepass   Stockwerke

Reiseschecks

Stock   Einzelzimmer mit Bad   Unterkunft   Anmeldeformular

1. Lisa will das Wochenende in Koblenz verbringen. Sie braucht

_____. Sie ruft ein Hotel an und fragt: Haben Sie ein

_____?

2. Lisa geht an die Rezeption des Hotels in Koblenz und meldet sich an. Die Rezeption

   ist im _____ des Hotels. Das Hotel hat sechs

   _____. Lisas Zimmer liegt im fünften

   _____.

3. Die Frau sagt: Füllen Sie bitte dieses _____ aus.

4. Lisa will jetzt aufs Zimmer gehen. Sie fragt: Entschuldigen Sie, wo ist der

   _____?

5. Am Morgen will Lisa frühstücken. Sie sagt: Entschuldigung, wo finde ich den

   _____?

Aktivität 4   Was macht man, wenn man reist?

Bringen Sie die folgenden Sätze in die richtige Reihenfolge.

_____ Dann bekommt man einen Schlüssel zum Hotelzimmer.

_____ Am Morgen geht man in den Frühstücksraum.

_____ Man füllt ein Anmeldeformular aus.

_____ Man geht an die Rezeption und bezahlt die Rechnung.

_____ Man reist dann ab und fährt zum nächsten Reiseziel oder zurück nach Hause.

_____ Man sucht ein Hotel in einer günstigen Lage.

_____ Ein Gepäckträger / Eine Gepäckträgerin bringt das Gepäck aufs Zimmer.

_____ Man kommt in einer Stadt an.

_____ Hier bekommt man ein sogenanntes „kontinentales Frühstück".

_____ Man geht an die Rezeption und meldet sich an.

Thema 3
Ringsum die Stadt

Aktivität 5   Kleinstadt, Großstadt

Was findet man in oder in der Nähe von einer Stadt? Ergänzen Sie die Sätze.

Eine Kleinstadt oder ein Dorf
(*village*) hat vielleicht

Eine Großstadt wie Berlin hat viele

*eine*_____ Ampel,   *Ampeln*_____,

_____ Kreuzung,   _____,

_____ Bank,   _____,

_____ Jugendherberge, _____,

_____ Hotel,   _____,

_____ Pension,   _____,

_____ Kirche,   _____,

_____ Museum,   _____,

und _____ Bahnhof.   und _____.

Aktivität 6   Der Weg zum Museum

Sie wollen das Museum besuchen und fragen einen Passanten nach dem Weg. Schreiben Sie alle Sätze auf Deutsch.

1. *Excuse me. Is the museum far from here?*

   _____

2. *No. It's only about ten minutes by foot.*

   _____

3. *What's the best way to get there?*

   _____

4. *Walk here along Schotten Street.*

   _____

5. *Go straight until the traffic light.*

   _____

6. *Then turn left into Schützen Street.*

   _____

7. *Keep on going straight ahead.*

   _____

8. *The museum is located across from the Christ Church.*

   _____

9. *Many thanks.*

   _____

Wortraum

A. Zeichnen Sie einen Stadtplan von Ihrer Stadt. Wo liegt was?

B. Wie kommt man am besten dahin? Beschreiben Sie in vollständigen Sätzen, wie man von ... zu ... kommt.

_____

_____

_____

_____

Grammatik im Kontext

The Genitive Case

Übung 1   Was für ein Haus ist das?

A. Lesen Sie die Anzeige durch. Lesen Sie sie dann noch einmal und unterstreichen Sie alle fünf Artikel im Genitiv.

NÜTZLICHE WÖRTER

Kultur (*f.*)	*culture*
Welt (*f.*)	*world*
Beziehung (*f.*)	*relationship*
Veranstaltung (*f.*)	*event*
Kunst (*f.*)	*art*

Haus der Kulturen der Welt

An einem „Netzwerk der Beziehungen zwischen den Kulturen" arbeitet das Haus der Kulturen der Welt in Berlin seit 1989. Mit jährlich 780 Veranstaltungen zu Musik, Tanz, Theater, Kunst, Film und Literatur aus Afrika, Asien und Lateinamerika ist daraus inzwischen ein engmaschiges Geflecht geworden.

www.hkw.de

B. Vervollständigen Sie jetzt den folgenden Satz.

Ich möchte die Musik _____ (das Land) hören, die Kunst _____

(die Kinder) ansehen, die Literatur _____ (die Periode) lesen und die Filme

_____ (der Kontinent) sehen.

Übung 2 Das gehört den Zeiten.

A. Schreiben Sie Substantive im Genitiv.

der buchstabe des tages.

wie „kasimir und karoline",
bühnenstück von georg büchner,
gestorben mit 24 jahren.

das heft das montags in der süddeutschen zeitung liegt.

jetzt

BEISPIEL: der Buchstabe / der Tag → der Buchstabe des Tages

1. das Foto / der Moment   _____

2. das Wort / die Stunde   _____

3. das Buch / die Woche   _____

4. der Roman (*novel*) / der Monat   _____

5. der Film / das Jahr   _____

6. das Symbol / die Zeiten   _____

B. Schreiben Sie jetzt jede Frage auf Deutsch.

1. *Have you seen the film of the month?* (**ihr**-Form)

   _____

2. *Have you read the novel of the year?* (**du**-Form)

   _____

Übung 3 Wem gehört das?

Schreiben Sie jeden Satz neu.

> BEISPIEL: Der Koffer gehört unserem Gast. →
> Das ist der Koffer unseres Gastes.

1. Das Auto gehört meinem Onkel.

   _____

2. Der Schlüssel gehört deiner Freundin.

   _____

3. Das Gepäck gehört meinen Freunden.

   _____

4. Die Kreditkarte gehört eurem Vater.

   _____

5. Das Anmeldeformular gehört diesem Herrn.

   _____

6. Das Geld gehört Ihrem Mann.

   _____

7. Die Fotos gehören diesen Männern. (Das sind …)

   _____

8. Die DVDs gehören einem Studenten aus Kanada. (Das sind …)

   _____

Übung 4 Was fragt man im Hotel?

Ergänzen Sie die Fragen mit den Interrogativpronomen **wer, wen, wem** oder **wessen.**

1. _____ will meinen Reisepass sehen?
2. _____ Koffer ist das vor der Rezeption?
3. _____ sehen Sie an der Rezeption?
4. _____ soll das Anmeldeformular ausfüllen?
5. _____ Name steht auf dem Formular?
6. _____ gibt man das Formular?
7. Für _____ ist dieser Schlüssel?

8. _____ bringt das Gepäck aufs Zimmer?

9. Mit _____ sollen die Touristen sprechen?

10. _____ kann die Klimaanlage reparieren?

11. _____ Fernseher funktioniert nicht?

12. _____ empfehlen Sie dieses Hotel?

Proper Names in the Genitive

Übung 5   Beethoven in Bonn und in Wien

Ergänzen Sie die Sätze über Beethoven und die Stadt Bonn mit den passenden Genitivformen.

Das Haus _____ (die Familie

Beethoven) steht in Bonn. Hier wurde Ludwig van Beethoven

1770 geboren. Dieses Haus ist für viele Besucher ein wichtiges

Symbol _____ (die Stadt) Bonn. Die

zweite Heimat _____ (der Komponist

[-en *masc.*]) war Wien, und im „Wiener Zimmer"

_____ (das Beethoven-Haus) kann

man Dokumente über sein Leben und seine Werke in Wien sehen.

Die moderne Beethovenhalle dient seit 1959 als Konzerthalle,

und sie ist eigentlich die dritte _____

(dieser Name) in Bonn. Das Orchester

_____ (die Beethovenhalle) spielt

eine große Rolle im kulturellen Leben _____ (diese Musikstadt)

am Rhein. Es hat auch wichtige Funktionen im Rahmen (im … *as part of*)

_____ (die Beethovenfeste) in Bonn.

Das erste Beethovenfest fand an _____ (Beethoven) 75.
Geburtstag statt (fand … statt *took place*). Der Komponist Franz Liszt war ein Mitglied (*member*)

_____ (das Festkomitee). Man hat zu diesem Fest eine Bronzfigur

von Beethoven, das Beethoven-Denkmal, errichtet.

Ein neues Symbol _____ (die Beethovenstadt) Bonn ist „Beethon",

eine Skulptur aus Beton (Zement). „Beethon" ist das Werk _____

(ein Künstler [*artist*]) aus Düsseldorf, Professor Klaus Kammerichs.

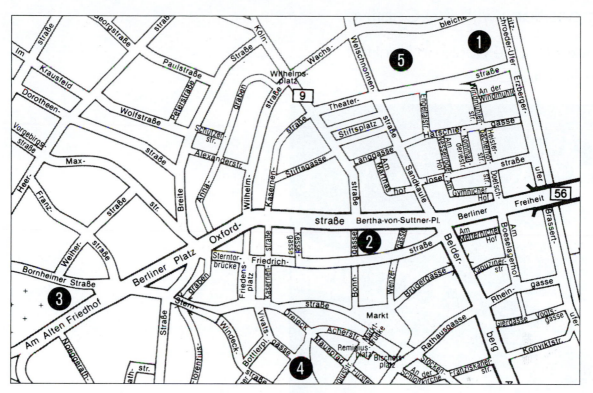

BONN

❶ Die Beethovenhalle

❷ Das Beethoven-Haus

❸ Das Grab der Mutter Beethovens

❹ Das Beethoven-Denkmal

❺ „Beethon"

Man findet das Grab _____ (die Mutter)

_____ (Beethoven) auf dem Alten Friedhof in Bonn. Ludwig van

_____ (Beethoven) Mutter wurde als Maria Magdalene Keverich

geboren. Sie starb (*died*) am 17. Juli 1787. Auf dem Grabstein _____

(diese Frau) stehen die Worte: „Sie war mir eine so gute liebenswürdige Mutter, meine beste

Freundin." Das Grab _____ (ihr Sohn) findet man in Wien.

Prepositions with the Genitive

Übung 6 Eine Woche in Frankfurt

Vervollständigen Sie die Sätze.

1. _____ (Within a week) haben wir in Deutschland

   viel gemacht.

2. _____ (During our stay) in Frankfurt sind wir in

   die Festhalle gegangen und haben eine Show mit Pferden gesehen.

3. _____ (Because of the Internet access) in unserem

   Hotel haben wir unsere Tickets online gebucht.

4. _____ (In spite of the weather) haben wir

   _____ (within the pedestrian zone) Spaziergänge

   gemacht.

5. _____ (Because of the location of the hotel) haben

   wir einen ganzen Tag in Museen verbracht.

6. Am letzten Tag haben wir _____ (outside of the

   city) eine Ballonfahrt gemacht.

Attributive Adjectives
Adjectives after a Definite Article

Übung 7   Wie heißt …?

Lesen Sie die Anzeige, und schreiben Sie dann Fragen in verschiedenen Variationen.

> **Wie heißt die farbige, fröhliche Fernsehzeitschrift für die ganze Familie?**
>
> **TV Hören Sehen**

BEISPIEL: Auto / Mann →
           Wie heißt das neue, preiswerte Auto für den praktischen Mann?
   oder   Wie heißt das schnelle, sportliche Auto für den modernen Mann?
   oder   ?

alt	deutsch	interessant	praktisch	sonnig
amerikanisch	fröhlich	jung	preiswert	sportlich
beliebt	gemütlich	klein	ruhig	vorsichtig
bequem	gesund	konservativ	schnell	warm
berühmt	groß	modern	schön	?

1. Wagen / Frau:

   _____

   _____

2. Ferieninsel / Familie:

_____

_____

3. Fahrrad / Studentin:

_____

_____

4. Reisebüro / Tourist:

_____

_____

5. Kurort / Leute:

_____

_____

6. Mode / Student:

_____

_____

Übung 8   Richards Aufenthalt in der Stadt

Schreiben Sie die richtigen Formen der Adjektive.

1. Ich habe hier in dieser _____ _____ Stadt schon sehr viel

   gemacht. (schön / deutsch)

2. Ich habe das _____ Rathaus, die _____ Kirchen und den

   _____ Marktplatz fotografiert. (groß / alt / historisch)

3. Ich habe die _____ Museen besucht. (interessant)

4. Ich habe jeden Morgen in dem _____ Frühstücksraum des Hotels gesessen

   und mit den _____ Gästen gesprochen. (gemütlich / freundlich)

Adjectives after an Indefinite Article

Übung 9   Pause

Ergänzen Sie den Aufsatz mit den richtigen Formen der entsprechenden Adjektive.

1. jung	6. weiß	11. zehnjährig
2. bequem	7. blau	12. rot
3. rund	8. grau	13. gelb
4. gemütlich	9. alt	14. sechsjährig
5. klein	10. groß	15. stressfrei

Name _____ Datum _____ Klasse _____

Ein _____ [1] Mann sitzt auf einem _____ [2] Stuhl

an einem _____ [3] Tisch in einem _____ [4] Café.

Nichts als eine _____ [5] Tasse Kaffee steht auf dem Tisch. Der Mann trägt

ein _____ [6] Hemd, eine _____ [7] Krawatte und

eine _____ [8] Hose. Neben dem Stuhl stehen seine

_____ [9] Brieftasche und eine _____ [10]

Einkaufstasche. Er hat seiner _____ [11] Nichte einen

_____ [12] Pullover zum Geburtstag gekauft. Er hat auch ein

_____ [13] T-Shirt für seinen _____ [14]

Neffen gekauft. Jetzt entspannt er sich. Dann macht er eine _____ [15]

Busfahrt nach Hause.

Übung 10   An der Rezeption im Hotel

Wählen Sie Adjektive aus der Liste, und ergänzen Sie die Sätze. *(Use your imagination.)*

blau	alt	elegant	(un)freundlich
braun	jung	international	gemütlich
gelb	groß	modern	nett
grün	klein	traditionell	(un)sympathisch
rot			?

Eine _____, _____ Frau kommt an die

Rezeption im Hotel Eden. Sie trägt zwei _____,

_____ Koffer. Sie hat _____ Haar und

trägt ein _____ Sommerkleid und _____

Ohrringe. Die _____ Atmosphäre des _____

Hotels gefällt ihr. Sie spricht mit dem _____ Empfangschef *(desk clerk)*,

aber er kann ihr nicht helfen, weil das _____ Hotel für heute Abend

leider keine Zimmer frei hat.

Adjectives without a Preceding Article

Übung 11   Kurstädte

Vervollständigen Sie die Sätze mit den richtigen Formen der Adjektive.

1. Es gibt _____ _____ Kurstädte in Deutschland.
   (viel / schön)

2. Hier genießt *(enjoys)* man _____ Sonnenschein und _____
   Luft. (warm / frisch)

3. Eine Kurstadt hat gewöhnlich _____ Gaststätten mit _____
   Zimmern. (historisch / gemütlich)

4. Man findet auch _____ Hotels mit _____ Zimmern in den

_____ Kurstädten. (luxuriös / elegant / berühmt [*famous*])

5. Natürlich haben _____ Hotels eine Schwimmhalle und eine Sauna. (groß)

6. Man findet in jeder Stadt _____ Restaurants mit _____

oder _____ Küche. (gut / deutsch / international)

7. Gäste gehen gern in den _____ Gärten spazieren und wandern gern in den

_____ Wäldern. (schön / ruhig)

8. Leute aus aller Welt verbringen _____ Tage und _____

Nächte in _____ Kurstädten. (fröhlich [*happy*] / zauberhaft [*magical*] /
deutsch)

Adjectives Referring to Cities and Regions

Übung 12   Wo? In welcher Stadt?

A. Schreiben Sie eine positive Antwort auf jede Frage.

BEISPIEL: Haben Sie an der Universität in Freiburg studiert? →
Ja, ich habe an der Freiburger Universität studiert.

1. Haben Sie das Rathaus in Hamburg fotografiert?

_____

_____

2. Haben Sie die Oper in Berlin besucht?

_____

_____

3. Haben Sie die Philharmoniker in Wien gehört?

_____

_____

4. Haben Sie das Schloss in Heidelberg gesehen?

_____

_____

5. Kennen Sie das Stadtwappen (*city coat of arms*) von Lüneburg?

_____

_____

B. Schauen Sie sich die Anzeige an und schreiben Sie Kurzantworten.

★★★★ *Hotel*
Quedlinburger Stadtschloss

43 Zimmer ⁕ Wellness ⁕ Tagungen ⁕ Seminare ⁕ Veranstaltungen ⁕ Restaurant

Lassen Sie sich von unserem Chefkoch und seinem Team sowie dem Restaurant verwöhnen.

Gern nehmen wir Ihre Tischreservierungen unter 0 39 46 - 52 60 - 0 entgegen.

Hotel Quedlinburger Stadtschloss „Hagensches Freihaus"
Bockstraße 6/Klink 11, 06484 Quedlinburg

1. Wie heißt das Hotel? _____

2. Wie heißt die Stadt? _____

3. Welche Attraktion hat diese Stadt? _____

Sprache im Kontext

Lesen

A. Die folgenden Phrasen kommen direkt aus dem Text „Mindelheim – Stadt der Lebensfreude". Wie sagt man das auf Englisch?

1. __h__ Mindelheim – Stadt der Lebensfreude

2. _____ Mindelheims Altstadt

3. _____ Rendezvous der Sinne

4. _____ den Zauber geschichtlicher Bedeutung

5. _____ (den Zauber) neuzeitlicher Mittelpunktfunktion der Kreisstadt des Unterallgäus

6. _____ mit breitem Warenangebot nobler Fachgeschäfte

7. _____ (mit) den handwerklichen Qualitäten lokaler Familienbetriebe

8. _____ herzhaft-schwäbische Küche und kulinarische Köstlichkeiten nahezu aller Provenienzen

a. *with a broad offering of wares from fine specialty shops*

b. *hearty Swabian cuisine and culinary delicacies from almost everywhere*

c. *Mindelheim's old town*

d. *the magic of historical significance*

e. *(with) the handcrafted quality goods of local family businesses*

f. *rendezvous of the senses*

g. *(the magic) of the modern administrative hub of the county seat of the Unterallgäu (in southwestern Bavaria)*

h. *Mindelheim—city with zest for life*

B. Unterstreichen Sie jetzt alle Wörter in **A**, die Genitivendungen haben.

BEISPIEL: 1. Mindelheim – Stadt <u>der</u> Lebensfreude

C. Was wissen Sie schon über Mindelheim? Mehr als eine Antwort kann richtig sein.

1. Mindelheim ist _____.
   a. eine Kreisstadt
   b. eine Landeshauptstadt
   c. eine Kleinstadt

2. Mindelheim liegt _____.
   a. in Norddeutschland
   b. in Bayern
   c. im Unterallgäu

3. Mindelheim bietet (*offers*) _____.
   a. Geschäfte mit lokalem Handwerk
   b. schwäbische Küche
   c. historische Sehenswürdigkeiten (*sights*)

Mindelheim - Stadt der *Lebensfreude*

Mindelheims Altstadt lädt ein zum Rendezvous der Sinne! Flaniert[1] man durch die gute Stube,[2] entlang an historischen Häusern mit farbenfrohen Fassaden, spürt[3] man den Zauber geschichtlicher Bedeutung und neuzeitlicher Mittelpunktfunktion der Kreisstadt des Unterallgäus.[4]

Die Gassen[5] zwischen alten Stadtmauerresten und Toren locken[6] zur Entdeckungsreise,[7] belohnen[8] mit romantischen Winkeln, künstlerischen Details und überraschen[9] mit unerwarteten Ein- und Ausblicken. Dass dieses Ambiente zu zahlreichen Festen verleitet,[10] versteht sich: ob nun das große historische Frundsbergfest, das Weinfest auf der Mindelburg, Stadtgrabenfest oder Vollmond-Party, Töpfer-[11] oder Christkindles-Markt – Gastlichkeit hat reiche Tradition.

Die freundliche Einkaufsstadt verführt[12] mit breitem Warenangebot nobler Fachgeschäfte und den handwerklichen Qualitäten lokaler Familienbetriebe.

Eine wahrhaft bemerkenswerte Gastronomie serviert herzhaft-schwäbische Küche und kulinarische Köstlichkeiten nahezu aller Provenienzen. Hotels und Privatvermieter bieten allen Gästen niveauvolle und gemütliche Unterkunft in gepflegter und heimeliger Atmosphäre.

Blick vom Einlasstor in die Fußgängerzone

[1]*strolls* [2]*gute ... front room (figurative)* [3]*feels* [4]*a county in southwestern Bavaria* [5]*alleys* [6]*lure* [7]*journey of discovery* [8]*reward* [9]*surprise* [10]*leads* [11]*pottery* [12]*tempts*

D. Lesen Sie jetzt den Text. Schreiben Sie dann die Adjektive (ohne Endungen), die die Attraktionen der Stadt beschreiben.

BEISPIEL: Häuser: _historisch_

1. Fassaden: _____

2. Bedeutung (*significance*): _____ (*historical*)

3. Mittelpunktfunktion: _____

4. Stadtmauerresten (*remains of city walls*) und Toren (*gates*): _____

5. Winkeln (*nooks*): _____

6. Details: _____

7. Ein- und Ausblicken (*insights and views*): _____ (*unexpected*)

8. Festen: _____ (*numerous*)

9. Frundsbergfest: _____, _____

10. Tradition: _____

11. Einkaufsstadt: _____

12. Warenangebot: _____

13. Fachgeschäfte: _____

14. Qualitäten: _____

15. Familienbetriebe: _____

16. Gastronomie: _____

17. Küche: _____

18. Köstlichkeiten: _____

19. Unterkunft: _____ (*full of quality*) und _____

20. Atmosphäre: _____ (*cultured*) und _____ (*cozy*)

E. Sie haben jetzt ein bisschen über Mindelheim gelesen. Was möchten Sie noch wissen, bevor Sie diese Stadt eines Tages besuchen? Vielleicht haben Sie Fragen über Hotels, Lokale, Feste, Sport- und Freizeitaktivitäten, Geschäfte, Kultur, Wetter oder sonst noch was. Schreiben Sie mindestens sechs Fragen, die Sie den Mindelheimern stellen möchten.

Na klar!

 Schauen Sie sich das Foto von Bonn an. Vergleichen Sie Bonn mit Ihrer Heimatstadt.

1. An diesem Tag in Bonn ist das Wetter _____. Heute in meiner Heimatstadt ist das Wetter _____.

2. Bonn ist eine Kulturstadt. Meine Heimatstadt ist _____.
   - eine Universitätstadt
   - eine Musikstadt
   - eine internationale Stadt
   - eine alte Stadt
   - ??

3. Bonn ist für Parks und Gärten berühmt. Meine Heimatstadt ist für _____ berühmt.
   - Sporthallen und Bäder
   - Film und Video
   - ihr Orchester und ihre Oper
   - Jazz-, Rock- und Popkonzerte
   - viele interessante Museen
   - ??

Journal

Mindelheim ist eine Stadt der Lebensfreude. Ist Ihre Heimatstadt auch eine Stadt der Lebensfreude? eine Stadt der Musik und Kultur? eine Stadt der Feste? eine Stadt der Möglichkeiten? eine Stadt des Familienlebens? eine Stadt der Sport- und Freizeitaktivitäten? eine Stadt der Gastronomie? Wieso? Welche Adjektive beschreiben Ihre Stadt? Welche Feste feiert man? Welche Attraktionen finden Touristen und Touristinnen aus deutschsprachigen Ländern besonders interessant? Wie sind die Hotels und Restaurants? Schreiben Sie über Ihre Heimatstadt.

SCHREIB-INFO

Check any of the following items that apply to your city, modifying them as necessary to make them accurate. Use the extra space next to the items to jot down names, adjectives, phrases, or other facts that you might want to mention.

Think about which ideas you want to include and how you want to organize your journal entry. Finally, write! Advertise your city!

Was für Attraktionen hat Ihre Stadt? Hat sie …?

- ☐ viele interessante, historische Gebäude (*buildings*)
- ☐ einen Hafen (*harbor*)
- ☐ einen Bahnhof
- ☐ einen Flughafen
- ☐ ein Rathaus
- ☐ Kirchen aller Glaubensrichtungen (*faiths*)
- ☐ viele Hotels
- ☐ eine alte Innenstadt
- ☐ große Schwimmhallen
- ☐ Sportstadien, Sporthallen und Sportplätze
- ☐ Tennisplätze
- ☐ Golfplätze

- ☐ internationale Restaurants
- ☐ Kinos
- ☐ Theater
- ☐ ein Opernhaus
- ☐ Bars und Kneipen
- ☐ Geschäfte
- ☐ Bäckereien und Konditoreien
- ☐ eine Fußgängerzone
- ☐ Einkaufszentren
- ☐ Supermärkte
- ☐ Parks und Gärten
- ☐ Schulen und Universitäten

☐ _____

Kann man dort überallhin (*everywhere*) …?

- ☐ mit dem Bus fahren
- ☐ mit dem Taxi fahren
- ☐ mit der Straßenbahn fahren

- ☐ mit der U-Bahn fahren
- ☐ mit dem Fahrrad fahren
- ☐ zu Fuß gehen

☐ _____

Wo liegt Ihre Stadt?

- ☐ In den Bergen.
- ☐ In der Mitte des Landes.
- ☐ An der Küste (*coast*).
- ☐ Im Süden (im Norden, im Westen, im Osten) des Landes.
- ☐ Südlich von _____.
- ☐ Nördlich von _____.
- ☐ Westlich von _____.
- ☐ Östlich von _____.
- ☐ In der Nähe von _____.

☐ _____

Ist Ihre Stadt …?

- ☐ die Hauptstadt des Staates
- ☐ die Hauptstadt des Landes
- ☐ eine Großstadt

- ☐ eine Kleinstadt
- ☐ eine Universitätsstadt
- ☐ ein Ferienort

☐ _____

Wie ist das Wetter in Ihrer Stadt?

- ☐ Schneit es im Winter?
- ☐ Regnet es im Herbst?
- ☐ Ist es im Frühling kalt und windig?

- ☐ Ist es im Sommer heiß und schwül?
- ☐ Ist es kühl und neblig?
- ☐ Ist es meistens heiter und sonnig?

☐ _____

Kapitel **10**

Auf Reisen

Alles klar?

Alles falsch! Schauen Sie sich das Foto an. Lesen Sie dann die Sätze. Die Sätze enthalten falsche Informationen. Schreiben Sie sie mit den richtigen Informationen.

BEISPIEL: Diese Leute machen eine Flugzeugreise. →
Diese Leute machen eine Zugreise.

1. Der Zug ist noch nicht angekommen.

_____

2. Die Leute müssen nicht mehr auf den Bus warten.

_____

3. Der Zug ist schon vom Bahnhof abgefahren.

_____

4. Der Zug steht auf dem Bahnsteig.

_____

5. Das Flugzeug ist sehr modern.

_____

6. Die Leute steigen jetzt aus.

_____

7. Sie tragen kein Handgepäck: keine Koffer, keine Kameras, keine Rücksäcke.

_____

_____

8. Sie reisen wahrscheinlich im Winter, weil sie Winterkleidung tragen.

_____

_____

9. Diese Leute reisen wahrscheinlich geschäftlich (*on business*), weil sie Anzüge tragen.

_____

_____

Wörter im Kontext

Thema 1
Ich möchte verreisen

Aktivität 1   Auf Reisen

A. Welches Wort passt nicht? Machen Sie einen Kreis um dieses Wort.

   BEISPIEL:

   _____ Schiff   _____ Bahn   _____ (Reiseprospekt)   _____ Fahrrad

1. _____ Bus   _____ Angebot   _____ Zug   _____ Flugzeug
2. _____ Gepäckaufbewahrung   _____ Fahrkarte   _____ Platzkarte   _____ Personalausweis
3. _____ Reisebüro   _____ Handschuh   _____ Busreise   _____ Reiseführer
4. _____ Anschluss   _____ Abfahrt   _____ Auskunft   _____ Ankunft
5. _____ Gleis   _____ Bahnhof   _____ Bahnsteig   _____ Bargeld
6. _____ Taxi   _____ Bahnhof   _____ Busse   _____ Auto

B. Schreiben Sie jetzt den bestimmten Artikel für jedes Wort.

   BEISPIEL:

   das Schiff   _die_ Bahn   _der_ (Reiseprospekt)   _das_ Fahrrad

C. Schreiben Sie eine vollständige Antwort auf jede Frage.

> BEISPIEL: Sind Sie einmal mit dem Schiff gereist? Wenn ja: Wann? →
> Ja, ich bin vor drei Jahren mit dem Schiff gereist.
> *oder*   Nein, ich bin noch nie mit dem Schiff gereist.
> *oder*   ?

1. Sind Sie einmal mit dem Zug gefahren? Wenn ja: Wohin? Wenn nein: Wohin möchten Sie mit dem Zug fahren?

   _____

   _____

2. Fahren Sie oft mit dem Bus? Wenn ja: Wie oft und wohin? Wenn nein: Warum nicht?

   _____

   _____

3. Wann und wohin sind Sie zum letzten Mal mit dem Flugzeug gereist? Wenn Sie noch nie eine Flugreise gemacht haben, wohin möchten Sie mit dem Flugzeug reisen und warum?

   _____

   _____

Aktivität 2 Antonyme und Synonyme

A. Schreiben Sie die Antonyme.

1. inaktiv: _____

2. langsam: _____

3. sicher: _____

4. ruhig: _____

5. alt: _____

B. Schreiben Sie die Synonyme.

1. die Bahn: _____

2. der Fotoapparat: _____

3. die Information: _____

4. das Ticket: _____

C. Ergänzen Sie die Sätze mit Wörtern, die (*which*) Sie in Teil B geschrieben haben.

1. Philip fährt gern mit _____, denn er kann sich wirklich entspannen und die Landschaft anschauen.

2. Bald macht er eine Zugreise nach Italien. Er hat schon _____ über

   Unterkunft und Verpflegung bekommen und _____ gekauft.

3. Bestimmt nimmt er _____ mit, um alles zu fotografieren.

Thema 2
Im Reisebüro

Aktivität 3   Auskunft über Thüringen

Lesen Sie die folgende Anzeige für Thüringen.

Trutzig thront die Wartburg über Eisenach

Thüringen Bustour zu historischen Stätten

Deutsche Geschichte, wohin man kommt: uraltes Glasbläser-Handwerk, Goethe-Gedenkstätten, Schillers Wohnhaus, Martin Luthers Studierstube – Thüringen lockt als historisches Kulturzentrum. Stadtjuwel Weimar, Eisenach mit Wartburg, Erfurt und Gotha zählen u. a. zu den Stationen einer Bustour vom 18. bis 21. 8., die für 260 Euro mit Halbpension und Busfahrt ab München zu buchen ist. Näheres bei: Schmetterling Reisen, Maxstr. 26, 83278 Traunstein.

A. Markieren Sie jetzt alle passenden Antworten. Mehr als eine Antwort kann richtig sein.

1. Thüringen ist
   a. ein deutsches Bundesland.   b. eine Stadt in Deutschland.   c. ein Bundesland in Österreich.

2. Diese Anzeige ist für
   a. eine Bahnreise durch Thüringen.   b. eine Bustour durch Thüringen.   c. eine Reise mit dem Flugzeug nach Thüringen.

3. Goethe und Schiller waren
   a. deutsche Komponisten der klassischen Periode.   b. deutsche Architekten der Barockzeit.
   c. deutsche Autoren der Klassik und Romantik.

4. Weimar, Eisenach, Erfurt und Gotha sind alle
   a. Städte in Thüringen.   b. Bundesländer in Deutschland.   c. historische Stätten (*places*) in Thüringen.

5. Die Wartburg ist
   a. eine Stadt in der Nähe von Weimar.   b. eine Burg (*castle, fortress*) in der Nähe von Eisenach.   c. eine große Attraktion in Thüringen.

6. Das Angebot ist für
   a. eine zweitägige Tour.   b. eine viertägige Tour.   c. eine sechstägige Tour.

7. Auf dieser Tour braucht man bestimmt
   a. kein Zelt.   b. kein Sonnenschutzmittel.   c. keinen Flugschein.

B. Was fragen oder sagen Ihre Freunde? Schreiben Sie alles auf Deutsch. Benutzen Sie die *du*-Form.

1. *Do you have the travel brochure?*

   _____

2. *Have you already booked the tour?*

   _____

3. *Have you already bought your ticket?*

_____

_____

4. *Don't forget your camera.*

_____

_____

Aktivität 4 Urlaub in Gifhorn

A. Schauen Sie sich die Anzeige an, und lesen Sie den Text.

Gifhorn in der Heide

Wälder – Wasser – Windmühlen

Idyllische Landschaft, historische Altstadt, Intern. Mühlenpark, attraktive Sport- und Freizeiteinrichtungen, 80 km markierte Wanderwege, behagliche Gastlichkeit, Pauschalangebote. Auskünfte und Prospekte: **Stadt Gifhorn, Tourist-Information Postfach 1450 T, 38516 Gifhorn** Tel. **(05371),** ☏ **881 75 + 880**

B. Jeder Satz hat genau zwei richtige Antworten. Kreuzen Sie sie an.

1. Gifhorn liegt
   - ☐ an der Aller (*a river in northern Germany*).
   - ☐ in der Heide (*heath*) im Bundesland Niedersachsen.
   - ☐ in den bayrischen Alpen.

2. In oder in der Nähe von Gifhorn kann man
   - ☐ segeln.
   - ☐ wandern.
   - ☐ Ski laufen.

3. Hier findet man
   - ☐ eine idyllische Landschaft.
   - ☐ hohe Berge.
   - ☐ 80 Kilometer markierte Wanderwege.

4. Hier könnte man vielleicht
   - ☐ einen Segelkurs machen.
   - ☐ in der Ostsee schwimmen.
   - ☐ tagelang wandern.

5. Gifhorn ist besonders für
   ☐ seinen internationalen Mühlenpark bekannt.
   ☐ breite Sandstrände bekannt.
   ☐ viele Windmühlen bekannt.

6. Die Stadt bietet (*offers*) Besuchern/Besucherinnen auch
   ☐ viele Luxushotels.
   ☐ eine historische Altstadt.
   ☐ behagliche (*comfortable*) Gastlichkeit (*hospitality*).

7. In dieser Region findet man Attraktionen wie
   ☐ Wälder.
   ☐ Flüsse.
   ☐ die Alpen.

8. Man kann an die Stadt Gifhorn schreiben und
   ☐ Auskünfte bekommen.
   ☐ Reiseprospekte bekommen.
   ☐ Personalausweise bekommen.

9. Man sollte auch nach
   ☐ Pauschalangeboten (*package deals*) fragen.
   ☐ Tiefseetauchen fragen.
   ☐ Unterkunft fragen.

C. Ergänzen Sie den Dialog. Schreiben Sie Daniels Antworten mithilfe der Anzeige und den Sätzen in Teil B.

ANNA: Dieses Jahr möchte ich einen schönen, entspannenden Urlaub machen. Was schlägst du vor?

DANIEL: Hast du diese Anzeige für Gifhorn gesehen? Vielleicht möchtest du dort einen Aktivurlaub im Freien (*outdoors*) machen.

ANNA: Wo liegt denn Gifhorn?

DANIEL: _____

_____

ANNA: Was kann man in Gifhorn machen?

DANIEL: _____

_____

_____

_____

ANNA: Was für Attraktionen und Sehenswürdigkeiten (*sights*) gibt es in Gifhorn?

DANIEL: _____

_____

_____

_____

Aktivität 5   Reisefragen

Welche Satzteile passen zusammen?

1. _____ Was kostet

2. _____ Fahren Sie manchmal mit dem Bus,

3. _____ Ist die Platzkarte so teuer

4. _____ Wie komme ich möglichst schnell

5. _____ Möchten Sie mit Stil reisen

6. _____ —Möchtest du eine Woche

7. _____ —Willst du per Autostop reisen?

   —Vielleicht,

8. _____ Wann fährt der nächste Zug

a. und in Luxushotels übernachten?
b. auf dem Land verbringen?
   —Ja, das klingt gut.
c. aber ist das nicht gefährlich?
d. nach Basel ab?
e. oder gehen Sie immer zu Fuß?
f. zum Flughafen?
g. wie die Fahrkarte?
h. das alles pro Person?

Thema 3

Eine Fahrkarte, bitte!

Aktivität 6   Eine Reise mit der Bahn

A. Identifizieren Sie alles auf dem Bild.

1. _der Bahnhof_   5. _____

2. _____   6. _____

3. _____   7. _____

4. _____   8. _____

B. Ergänzen Sie jetzt die Sätze mit Wörtern aus der Liste in Teil A.

Frau Lüttge macht eine Reise mit dem _____. Sie ist mit einem Taxi zum

_____ gefahren. Dann trägt sie ihr Handgepäck in die Bahnhofshalle. Sie

geht gleich an den _____, wo sie ihre Fahrkarte kauft.

Sie isst etwas im Bahnhofsrestaurant und geht dann zum _____,

wo ihr Zug zehn Minuten später auf _____ 4 abfährt.

Aktivität 7   Was sagt man am Fahrkartenschalter?

Schreiben Sie die Sätze auf Deutsch.

A: *Three tickets to Wiesbaden, please.*

_____

B: *Are you traveling together?*

_____

A: *Yes, we're traveling as a threesome.*

_____

B: *One-way or round-trip?*

_____

A: *Round-trip. Second class.*

_____

B: *The next train leaves in forty minutes.*

_____

_____

A: *Do we have to change trains?*

_____

B: *Yes, you have a connection in Frankfurt.*

_____

Aktivität 8   Eine Zugreise von Berlin nach Westerland

Stellen Sie sich vor (*imagine*), Sie fahren mit dem Zug von Berlin nach Westerland an die Nordseeküste. Bringen Sie die folgenden Aktivitäten in die richtige Reihenfolge.

_____ in Hamburg umsteigen

_____ an den Fahrkartenschalter gehen

__1__ Broschüren über die Nordseeküste besorgen

_____ von Berlin abfahren

_____ in den Zug einsteigen

_____ in den Broschüren über Westerland lesen

_____ einen Spaziergang am Strand machen

_____ Touristen-Information am Bahnhof in Westerland suchen

_____ eine Fahrkarte kaufen

_____ Ankunft in Westerland

_____ an den Bahnsteig gehen

_____ zum Bahnhof gehen

_____ mit dem Taxi zum Hotel fahren

Wortraum

A. Wohin möchten Sie reisen? Wie? Was möchten Sie sehen? Was müssen Sie mitnehmen? Schreiben Sie Stichworte (*keywords*) als Notizen.

B. Beantworten Sie die Fragen in **A**. Schreiben Sie vollständige Sätze.

_____

_____

_____

_____

Grammatik im Kontext

Expressing Comparisons: The Superlative

Übung 1   Wer unter uns … ?

Schreiben Sie die Fragen auf Deutsch.

1. _Who drives the fastest?_

   _____

2. _Who is the friendliest?_

   _____

3. _Who travels the most?_

   _____

4. _Who is the most interesting?_

   _____

5. _Who speaks the loudest?_

   _____

Attributive Adjectives in the Comparative

Übung 2   Gibt es andere Möglichkeiten?

Ergänzen Sie die Fragen.

Gibt es … 1. _____ ? (_a faster bus_)

2. _____ ? (_cheaper tickets_)

3. _____ ? (_a better GPS_)

4. _____ ? (_a smaller camera_)

5. _____ ? (_a bigger tent_)

6. _____ ? (_a more beautiful beach_)

Attributive Adjectives in the Superlative

Übung 3 Faktum oder Meinung?

Ergänzen Sie die Fragen und Antworten.

> BEISPIEL: a. Wo findet man das ___*schönste*___ Wandern? (gut)
>
> b. Das Wandern in Rheinland-Pfalz ist *am schönsten*.

1. a. Wo ist der _____ Messeturm? (hoch)

    b. Der Frankfurter Messeturm ist _____.

2. a. Wo sind die _____ Ruinen? (alt)

    b. Die Ruinen in Trier sind _____.

3. a. Wo findet man die _____ Architektur? (interessant)

    b. Die Architektur der Kirchen ist _____.

4. a. Wie heißt der _____ See? (groß)

    b. Der Bodensee ist _____.

5. a. Wie heißen die _____ Züge? (schnell)

    b. Die ICE-Züge sind _____.

6. a. Wie heißt der _____ Fluss? (lang)

    b. Der Rhein ist _____.

Übung 4 Dialoge über Unterkünfte

Ergänzen Sie die Sätze mit den angegebenen Adjektiven.

A: Können Sie mir ein _____ Hotel empfehlen? (*good*)

B: Die _____ Hotels liegen in der Innenstadt. „Die Krone" ist

vielleicht das _____ Hotel. (*better / best*)

C: Ich finde unser _____ Zelt ganz gemütlich. (*klein*)

D: Gemütlich ja, aber für nächsten Sommer möchte ich ein _____

Zelt kaufen, vielleicht das _____ Zelt im Geschäft. (*bigger / biggest*)

E: Darf man in einem _____ Schloss übernachten? (*old*)

F: Ja, meine _____ Übernachtung war in dem _____ Schloss im

Bundesland. (*most beautiful, oldest*)

G: Was hat dieser Urlaubsort für die _____ Gäste? (*youngest*)

H: _____ Kinder verbringen viel Zeit im Schwimmbad, und

_____ Kinder wandern oder reiten gern. (*Younger / older*)

Übung 5   Vergleiche

Bilden Sie Sätze mit den Adjektiven im Positiv, im Komparativ und im Superlativ.

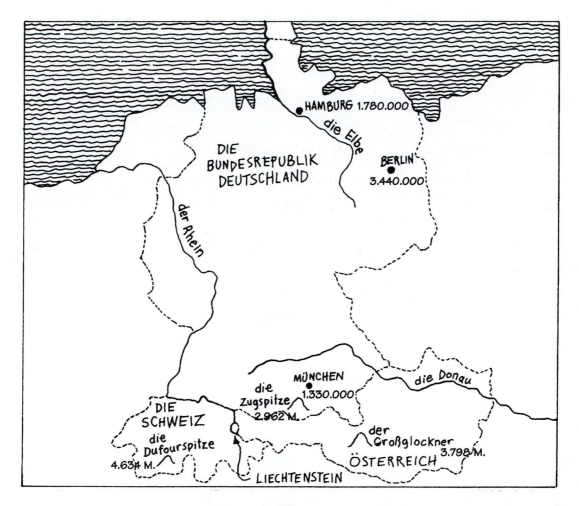

BEISPIEL: lange Flüsse: die Elbe, der Rhein, die Donau →
Die Elbe ist ein langer Fluss, der Rhein ist ein längerer Fluss, aber die Donau ist der längste Fluss.

1. kleine Länder: Österreich, die Schweiz, Liechtenstein

_____

_____

2. hohe Berge: die Zugspitze, der Großglockner, die Dufourspitze

_____

_____

3. große Städte: München, Hamburg, Berlin

_____

_____

Adjectival Nouns

Übung 6   Was willst du?

Schreiben Sie Antworten mit substantivierten Adjektiven.

BEISPIEL: Was für einen Film möchtest du heute Abend sehen? (etwas / spannend) →
Ich möchte etwas Spannendes sehen.

1. Was für ein Theaterstück möchtest du sehen? (etwas / modern)

_____

2. Was für ein Poster willst du kaufen? (etwas / interessant)

_____

3. Was für Musik möchtest du hören? (etwas / romantisch)

_____

4. Was für ein Buch willst du im Urlaub lesen? (nichts / technisch)

_____

5. Was willst du dieses Wochenende machen? (nichts/ sportlich)

_____

6. Was für einen Urlaub möchtest du dieses Jahr planen? (nichts / teuer)

_____

7. Was willst du fotografieren? (viel / ungewöhnlich)

_____

Narrating Events in the Past: The Simple Past Tense
Weak Verbs

Übung 7   Eine Autofahrt

Schreiben Sie die Sätze im Imperfekt.

1. Ich plane eine Autofahrt.

    _____

2. Ich mache einen Fahrplan.

    _____

3. Ich brauche eine Unterkunft in der Stadt.

    _____

4. Ich buche ein Zimmer in einer Pension.

    _____

5. Die Autofahrt dauert sechs Stunden.

    _____

6. Ich kann den Stadtplan nicht verstehen.

    _____

7. Ich muss Passanten nach dem Weg fragen.

    _____

8. Ich danke ihnen für die Hilfe.

    _____

9. An der Rezeption der Pension fülle ich das Anmeldeformular aus.

    _____

    _____

10. Ich übernachte in einem kleinen Zimmer im ersten Stock.

    _____

    _____

11. Das Zimmer hat Zentralheizung.

    _____

12. Um sechs Uhr wache ich auf.

    _____

13. Ich dusche mich und frühstücke.

    _____

14. Ich bezahle die Rechnung.

_____

15. Dann bin ich wieder unterwegs.

_____

16. Es ist nichts Spannendes.

_____

Strong Verbs / Mixed Verbs

Übung 8   Ein Urlaub für wenig Geld

Lesen Sie den Cartoontext. Ergänzen Sie dann die Geschichte (*story*). Schreiben Sie jedes Verb im Imperfekt.

„Nun ja, wenn Sie nicht mehr Geld für Ihren Urlaub ausgeben wollen – haben Sie eigentlich schon einmal eine Führung durch unsere schöne Stadt mitgemacht?"

Herr Kleist _____ (wollen) für seinen Urlaub sehr wenig Geld ausgeben. Er

_____ (gehen) ins Reisebüro und

_____ (sprechen) mit Herrn Vogt

über Preise für Fahrkarten und Pensionen. Er

_____ (finden) alles viel zu teuer.

Herr Vogt _____ (fragen) ihn darauf:

„Haben Sie schon einmal eine Tour durch unsere Stadt gemacht?"

Herr Kleist _____ (antworten):

„Nein, das habe ich noch nicht gemacht."

Herr Vogt _____ (vorschlagen):

„Bleiben Sie doch zu Hause, und lernen Sie unsere Stadt besser

kennen." Herr Kleist _____ (sein)

damit einverstanden (*in agreement*).

Er _____ (verbringen) also seinen Urlaub zu Hause. Er

_____ viel in der Stadt zu tun und sich anzuschauen (finden).

Er _____ (machen) drei Stadtrundfahrten, _____

(gehen) durch die Parks spazieren, und so _____ (lernen) er seine eigene

Stadt kennen. Sonntags _____ (besuchen) er Museen, und danach

_____ er Freunde zu sich _____ (einladen).

Nachmittags _____ (arbeiten) er im Garten, und abends

_____ (sitzen) er stundenlang im Wohnzimmer und

_____ (fernsehen). Sein Urlaub zu Hause _____

(sein) schöner als alle Reisen.

Übung 9 Was machten sie?

Machen Sie aus den zwei Sätzen einen Satz. Beginnen Sie mit der Konjunktion **als**. Benutzen Sie das Imperfekt.

BEISPIEL: Christian ist im Flughafen. Er kauft einen Flugschein. →
Als Christian im Flughafen war, kaufte er einen Flugschein.

1. Kevin ist im Reisebüro. Er spricht mit einem Reiseleiter.

   _____

   _____

2. Anna sieht das Angebot. Sie will sofort eine Fahrkarte kaufen.

   _____

   _____

3. Alexander fährt mit dem Taxi. Die Fahrt (*trip*) zum Bahnhof dauert nur zehn Minuten.

   _____

   _____

4. Corinna ist in Mainz. Sie übernachtet in einer Jugendherberge.

   _____

   _____

5. Jennifer kommt am Bahnhof an. Der Zug fährt ab.

   _____

   _____

6. Patrick verbringt den Tag am Strand. Er bringt kein Sonnenschutzmittel mit.

   _____

   _____

   _____

7. Laura liest den Fahrplan. Sie macht Reisepläne.

_____

_____

8. Sebastian geht aus dem Hotelzimmer. Er vergisst den Schlüssel.

_____

_____

The Past Perfect Tense

LANDESKUNDE-INFO

2001 machte der deutsche Entertainer Hape Kerkeling eine Pilgerreise (*pilgrimage*) auf dem Jakobsweg (*Way of Saint James*) nach Santiago de Compostela in Spanien. Während der Reise schrieb er ein Tagebuch. 2006 erschien das Buch mit dem Titel „Ich bin dann mal weg". Es wurde in Deutschland sofort ein Bestseller. Im Juni 2009 erchien das Buch auf Englisch mit dem Titel „I'm Off Then". Haben Sie von diesem Buch schon gehört? Haben Sie es mal gelesen? Sind Sie neugierig (*curious*)?

Übung 10   Eine Pilgerreise

Schreiben Sie die folgenden Fragen auf Deutsch.

1. *What had Hape Kerkeling already done before he made the pilgrimage?*

   _____

   _____

2. *Where had he already traveled before he departed for Spain?*

   _____

   _____

3. *What had he already learned before he arrived in Spain?*

   _____

   _____

4. *What did he want to do after he had come back to Germany?*

   _____

   _____

Sprache im Kontext

Lesen

A. Die folgende Broschüre beschreibt eine Radreise. Lesen Sie den Titel und schauen Sie sich die Karte an. Überfliegen Sie (*skim*) kurz den Text. Ergänzen Sie dann die Sätze.

1. Die vier Länder sind _____, _____, _____ und

   _____. Eines dieser Länder ist ein Fürstentum (*principality*). Es heißt

   _____.

2. Die drei Seen sind der _____, der _____ und der

   _____.Welcher ist der größte See? _____ Welcher ist der kleinste

   See? _____

3. Die Weltstadt ist _____.

4. Wie viele Kilometer fährt man auf dieser Radreise? _____

Vier Länder, drei Seen, eine Weltstadt

GESAMTLÄNGE: ca. 355 Radkilometer

Schweizer Impressionen

1. Tag: Konstanz

Nach Ihrer Anreise[1] haben Sie genügend Zeit, Konstanz zu entdecken. Am Hafen und in den Altstadtgassen können Sie das Flair dieser Stadt genießen. Die Übernachtung erfolgt in Konstanz.

2. Tag: Konstanz – Schaffhausen, ca. 55 km

Sie passieren die Schweizer Grenze und radeln[2] durch kleine romantische Dörfer nach Stein am Rhein, eine der schönsten und besterhaltenen[3] mittelalterlichen[4] Kleinstädte im deutschsprachigen Raum.[5] Ihr Tagesziel ist Schaffhausen, das durch den Rheinfall, den größten Wasserfall Europas, weltberühmt geworden ist.

3. Tag: Schaffhausen – Zürich, ca. 66 km

Am Morgen folgen Sie dem Rhein, der Sie an der Rheinschlinge[6] bei Rheinau vorbeiführt. Kurz hinter Eglisau mit seiner malerischen Häuserzeile verlassen Sie den Rhein und folgen dem Weg entlang des Flusses Glatt. Sie passieren Bülach und radeln weiter in Richtung Zürich. Von hier können Sie die startenden und landenden[7] Flugzeuge des Flughafens Zürich-Kloten aus nächster Nähe beobachten. Die Übernachtung erfolgt in Zürich.

4. Tag: Zürich – Rapperswil, ca. 39 km

Heute haben Sie genügend Zeit für einen Bummel[8] durch die Weltstadt Zürich. Flanieren Sie entlang der Promenade, besuchen Sie die schöne Altstadt oder eines der Museen. Anschließend folgen Sie dem südlichen Ufer[9] des Zürichsees und erreichen Rapperswil über den Seedamm. Hier ist auch der bekannte Knie's Kinderzoo beheimatet.[10] Schon von weitem sehen Sie das mächtige[11] Schloss und die prächtigen[12] Häuser an der Promenade. Sie übernachten in Rapperswil.

5. Tag: Rapperswil – Sargans, ca. 61 km

Von Rapperswil aus folgen Sie dem Ufer des Zürichsees und später dem Linthkanal. Bei Weesen erreichen Sie den Walensee. Sie radeln entlang des tiefblauen Sees, der eingebettet zwischen der mächtigen Bergwelt liegt, bis Walenstadt. Die Route führt Sie im Tal vorbei an den Sieben Churfirsten zu Ihrem Übernachtungsort Sargans, dessen Stadtbild von der mächtigen Burg geprägt wird.[13]

6. Tag: Sargans – Feldkirch, ca. 35 km

Kurz hinter Sargans treffen Sie wieder auf den Rhein, folgen diesem und gelangen in das Fürstentum Liechtenstein. Über der Landeshauptstadt Vaduz thront das Schloss der fürstlichen Familie. Anschließend passieren Sie die Landesgrenze nach Österreich und erreichen Ihren Übernachtungsort Feldkirch mit seinem mittelalterlichen Stadtkern.[14]

7. Tag: Feldkirch – Rorschach/Arbon/Egnach, ca. 62–75 km

Heute folgen Sie dem Rhein bis Höchst, passieren das größte Süßwasserdelta Europas, das Naturschutzgebiet[15] Rheindelta, und erreichen wieder den Bodensee. Sie folgen dem Bodenseeradrundweg vorbei an Rorschach nach Arbon, einer der ältesten Siedlungsstätten[16] im Bodenseeraum. Ihr Übernachtungsort ist Rorschach, Arbon oder Egnach.

8. Tag: Rorschach/Arbon/Egnach – Konstanz, ca. 25–40 km

Die letzte Etappe[17] führt Sie am Ufer des Bodensees entlang durch Streuobstwiesen[18] und kleine Fachwerkdörfer[19] bis nach Kreuzlingen. Dort passieren Sie ein letztes Mal die Grenze und erreichen Ihren Ausgangspunkt[20] Konstanz. Individuelle Rückreise.

[1]Ankunft [2]fahren Rad [3]*best preserved* [4]*medieval* [5]*area* [6]*winding Rhine* [7]startenden ... *taking off and landing* [8]*stroll* [9]*shore* [10]*at home* [11]*massive* [12]*magnificent* [13]geprägt ... *is molded* [14]*city center* [15]*nature reserve* [16]*places of settlement* [17]*stage* [18]*orchards* [19]*villages with half-timbered houses* [20]*starting point*

B. Schreiben Sie eine kurze Antwort auf jede Frage.

1. Am welchen Tag radelt man am weitesten? _____

2. Am welchen Tag radelt man die kürzeste Distanz? _____

3. Am zweiten Tag fährt man durch romantische Dörfer. Wie beschreibt man Stein am Rhein? _____

   _____

4. Was ist der Rheinfall? _____

5. Welche Stadt ist wegen des Rheinfalls weltberühmt geworden? _____

6. Was sieht man in Richtung Zürich? _____

   _____

7. Wie kann man den Tag in Zürich verbringen? _____

   _____

   _____

8. Am welchen Tag radelt man entlang zwei Seen? _____

9. Wohin gelangt (*arrives*) man am sechsten Tag? _____

10. Wie heißt die Landeshauptstadt des Fürstentums? _____

11. Was passiert man am siebten Tag, bevor man wieder den Bodensee erreicht?

    _____

12. Was für Landschaften sehen die Radfahrer am achten Tag?

    _____

C. Stellen Sie sich vor: Letztes Jahr nahmen Sie an dieser Radreise teil. Schreiben Sie im Imperfekt einen Bericht darüber. Wie viele Kilometer radelten Sie? Wo übernachteten Sie? Was sahen Sie? Was erlebten Sie? Welchen Tag fanden Sie am interessantesten? Warum? Welcher Tag war für Sie der schönste? Warum?

Na klar!

 Schauen Sie sich das Foto an. Was ist die Geschichte dieser jungen Leute? Finden Sie den folgenden Bericht glaubhaft (*believable*)? Schreiben Sie ihn auf Deutsch.

Last summer ten American students traveled to Europe. The young people departed from Boston on the first of July. They took along suitcases, backpacks, cameras, traveler's checks, travel guides, cash, and personal IDs. They had already made all their plans. They had gone to the travel agency, read the travel brochures, bought the tickets, and booked the accommodations. They arrived at the airport in Frankfurt and stayed overnight in this city. The next morning they traveled by bus to the train station. They boarded a train and began their tour of the German-speaking countries. They came back to Boston after they had traveled through Germany, Switzerland, and Austria.

Journal

Sie haben sicherlich schon einmal eine Reise mit dem Flugzeug, mit dem Auto, mit dem Bus oder mit dem Zug unternommen. Schreiben Sie darüber im Imperfekt. Erzählen Sie unter anderem,

wohin Sie reisten.

was Sie gemacht hatten, bevor Sie verreisten.

was Sie mitnahmen.

wer mitkam. / wer mitfuhr.

wann Sie abfuhren. / wann Sie abflogen.

ob Sie irgendwo (*somewhere*) Aufenthalt hatten. / ob Sie umsteigen mussten, und wenn ja: wo Sie umstiegen.

wann Sie ankamen.

wo Sie übernachteten.

was Sie machten, nachdem Sie im Hotel (in der Pension, in der Jugendherberge, bei Freunden, zu Hause) angekommen waren.

ob Sie ins Konzert (ins Theater, ins Kino, ins Hallenbad, ins Freibad) gingen.

ob Sie schwimmen gingen.

ob Sie wandern gingen.

ob Sie einen Einkaufsbummel machten.

ob Sie segelten, ritten, angelten oder Tennis (Golf, Volleyball, __?__) spielten.

ob Sie ein Auto oder ein Rad mieteten.

ob Sie Postkarten schrieben.

ob Sie ein Buch lasen.

ob Sie nach Hause telefonierten / E-Mails schickten.

was Sie aßen und tranken.

was Sie kauften.

was Sie sahen.

ob Sie interessante Leute kennenlernten, und wenn ja: wen?

ob Sie sich amüsierten.

ob es irgendwelche Probleme gab.

?

Der Start in die Zukunft

Kapitel **11**

Alles klar?

Was macht diese Frau? Schauen Sie sich das Foto an und wählen Sie die zwei plausibelsten Antworten auf jede Frage.

1. Womit beschäftigt sie sich in diesem Moment?
   a. mit Unterlagen
   b. mit Sport
   c. mit einem Experiment
   d. mit Biotechnik

2. Wo arbeitet sie?
   a. in einem Labor
   b. an einer Universität
   c. in einer Bibliothek
   d. in einer Bank

3. Wofür interessiert sie sich?
   a. für Skulptur
   b. für Medizin
   c. für Biologie
   d. für Handel

4. Woran denkt sie vielleicht?
   a. an ein Vorstellungsgespräch
   b. an die kleinsten Details
   c. an das Abitur
   d. an die Resultate

5. Worauf bereitet sie sich vielleicht vor?
   a. auf eine Karriere als Rechtsanwältin
   b. auf eine Karriere als Ärztin
   c. auf eine Karriere als Biotechnikerin
   d. auf eine Karriere als Schauspielerin

Wörter im Kontext

Thema 1
Meine Interessen, Wünsche und Erwartungen

Aktivität 1   Was ist Ihnen am wichtigsten?

A. Lesen Sie die Liste, und nummerieren Sie Ihre Prioritäten: Nummer 1 ist bei einer Arbeitsstelle für Sie am wichtigsten, Nummer 2 am zweitwichtigsten, Nummer 3 am drittwichtigsten usw.

_____ eine wichtige Stelle in einer großen internationalen Firma

_____ ein lebenslanger Beruf

_____ eine kreative oder künstlerische Tätigkeit

_____ eine gute Ausbildung

_____ das beste Einkommen

_____ sympathische Mitarbeiter/Mitarbeiterinnen

_____ soziales Prestige/Ansehen

_____ Gelegenheit zu Weltreisen

_____ ein hohes Gehalt

_____ großer Erfolg im Geschäft und im Leben

_____ täglicher Kontakt mit wichtigen, interessanten Menschen

_____ berufliche Entwicklung

_____ finanzielle Unabhängigkeit

B. Schreiben Sie jetzt einen Absatz über Ihre Prioritäten. Erklären Sie, was für Sie am allerwichtigsten, am zweitwichtigsten und am drittwichtigsten ist. Vergleichen Sie Ihren Absatz mit denen der anderen Studenten und Studentinnen.

_____

_____

_____

_____

Aktivität 2 Auf Arbeitssuche

Was sagen diese Menschen? Ergänzen Sie die Sätze mit den Wörtern und Ausdrücken im Kasten.

Stelle   Gehalt   im Ausland   im Freien

Beruf   Büro   Firma   Gelegenheit   verdienen

interessiere   Tätigkeiten   selbstständig   Klinik   Chef

1. FRAU REINECKE: Am liebsten möchte ich einen _____ im kulturellen

    Bereich. Ich will keinen _____ und keine Chefin haben. Ich will

    _____ arbeiten und viel Geld _____.

2. HERR HARTWIG: Ich suche eine Stelle mit _____ zum Reisen. Ich will

    Geschäftsreisen um die Welt machen und vielleicht eines Tages auch bei einer internationalen

    _____ oder _____ arbeiten.

3. HERR BERGER: Ich _____ mich für Tiermedizin, aber ich will in

    keiner _____ arbeiten. Vielleicht kann ich Tierarzt auf dem Land

    werden und viel Zeit _____ verbringen.

4. HERR OPITZ: Eine feste _____ mit einem guten

    _____ ist mir wichtig. Eines Tages will ich ein berühmter Koch in

    einem erstklassigen Restaurant in Berlin sein.

Aktivität 3   Dennis hat Fragen.

Dennis spricht mit jemandem in einem Pharmakonzern. Was will er wissen? Ergänzen Sie jeden Satz mit der richtigen Form des passenden Verbs.

sich beschäftigen	herausfordern	sich vorbereiten
besitzen	nachdenken	sich vorstellen
sich bewerben	verdienen	

DENNIS: Ich möchte wissen,

1. ob die Firma _____ mit Umweltproblemen (*environmental issues*)

    _____.

2. wie ich _____ auf einen Beruf in diesem Bereich

    _____ kann.

3. wie man _____ um einen Ausbildungsplatz hier

    _____.

4. was für eine Ausbildung man _____ muss.

5. wie viel Geld man im ersten Jahr hier _____.

6. ob ich eine Weile über diese Informationen _____ darf.

Thema 2

Berufe

Aktivität 4   Männer und Frauen

Schreiben Sie die männliche oder weibliche Form des Wortes.

1. Herr Stengel ist Rechtsanwalt, Frau Keller ist _____.

2. Frau Maier ist Geschäftsfrau, Herr Konrad ist _____.

3. Diese Männer arbeiten als Zeichner, diese Frauen arbeiten als _____.

4. Herr Nickel ist Bibliothekar, auch seine Frau ist _____.

5. Diese Frauen sind Dolmetscherinnen, diese Männer sind _____.

6. Ein Kaufmann und eine _____ treffen sich diese Woche auf einer Tagung (*conference*) in Berlin.

7. Unsere Tochter ist Künstlerin, unser Sohn ist _____.

8. Man sollte mindestens einmal im Jahr zum Zahnarzt oder zur _____ gehen.

9. Wir suchen noch eine Informatikerin oder einen _____.

10. Die jungen Frauen wollen Mechanikerinnen werden, die jungen Männer

    _____.

11. Viele Menschen suchen einen Psychologen oder eine _____, wenn sie Probleme haben.

12. Das ist der Mann der Journalistin, und das ist die Frau des _____.

Aktivität 5   Wer macht was?

Schreiben Sie eine kurze Antwort auf jede Frage. Mehr als eine Antwort kann richtig sein.

1. Wer arbeitet jeden Tag mit Computern und weiß sehr viel darüber?

   ein Informatiker / eine Informatikerin _____

2. Wer kann Bilder oder Graphiken für einen Katalog zeichnen?

   _____

3. Wer kann das Familienauto reparieren?

   _____

4. Wer sucht ein gutes Ladenlokal?

   _____

5. Was ist ein anderes Wort für einen Manager / eine Managerin?

   _____

6. Wer malt Bilder und präsentiert diese Werke in Galerien und Museen?

   _____

7. Wer repräsentiert eine Firma und verkauft Produkte wie zum Beispiel Küchengeräte an Einzelhändler oder Küchengeschäfte?

   _____

8. Wer arbeitet im Krankenhaus oder in einer Klinik und hilft kranken Menschen?

   _____

9. Ein Transportfahrer hatte einen Unfall (*accident*) auf der Autobahn. Ein Autofahrer verklagt (*is suing*) ihn auf Schadenersatz (*damages*). Mit wem sollte der Transportfahrer sprechen?

   _____

10. Wer untersucht Zähne?

    _____

11. Wer spielt Rollen – zum Beispiel die Rolle eines Sekretärs oder einer Sekretärin – auf der Bühne (*stage*) oder in Filmen?

    _____

12. Wer beschäftigt sich jeden Tag mit Büchern?

    _____

Thema 3

Stellenangebote und Bewerbungen

Aktivität 6 Wortfamilien

A. Lesen Sie die Synonyme oder Definitionen, und schreiben Sie die passenden Substantive.

arbeiten

1. jemand, der arbeitet: *der Arbeiter / die Arbeiterin* _____

2. Leute, die miteinander arbeiten: _____

3. Leute, die Arbeit geben: _____

4. Platz der Arbeit: _____

5. ein Dienst (ein Service) für Leute, die Arbeit suchen: _____

sich bewerben

6. was man macht, wenn man sich bewirbt: _____

7. ein Formular zur Bewerbung: _____

beraten

8. jemand, der Menschen mit Berufsfragen hilft: _____

9. Hilfe mit Fragen oder Problemen: _____

stellen

10. ein Job: _____

11. ein Angebot für einen Job: _____

B. Was soll ein Bewerber / eine Bewerberin besitzen? Was soll ein Arbeitgeber / eine Arbeitgeberin bieten (*offer*)? Schreiben Sie B für Bewerber/Bewerberin oder A für Arbeitgeber/Arbeitgeberin.

1. _____ einen Lebenslauf

2. _____ ein Vorstellungsgespräch

3. _____ eine Stelle

4. _____ ein Bewerbungsformular

5. _____ ein Zeugnis

6. _____ Bewerbungsunterlagen

7. _____ einen Arbeitsplatz

8. _____ ein Gehalt

9. _____ Kenntnisse (*knowledge*)

10. _____ Fähigkeiten (*skills*)

C. Schauen Sie sich die Anzeige an. Vervollständigen Sie dann den folgenden Aufsatz. Benutzen Sie Wörter aus Teil B.

Wir spielen die Hits...
...und was machen Sie?

- **Chef-Producer / On-air-Promotion**
  Erfahrung Pro Tools, Session 8, Akai DD 1500, o.ä.
- **Musikredakteur**
  Erfahrung bei Musicmaster- oder Selektor-Planung
- **Techniker**
  Erfahrung in Produktion, Sendung und Netzwerk

auf freier und fester Basis gesucht.
Interesse?

Bewerbungen an:

Das Radio: ANTENNE.
Z.H. Valerie Weber

Plieninger Str. 150
70567 Stuttgart

Telefonische Rückfragen
unter: 0711 / 7205 366

Das Radio:

ANTENNE

Hits und **näher ran.**

Fabian suchte einen _____[1] beim Rundfunk (*radio*). Letzten Monat sah er dieses Stellenangebot in der Zeitung. Weil er die Anzeige hochinteressant fand, rief er die Station sofort an und fragte: „Können Sie mir bitte ein _____[2] schicken?" Dann bereitete er seinen _____[3] vor. Natürlich hatte er auch sein _____[4] von der technischen Fachhochschule. Er schickte seine kompletten _____[5] an Valerie Weber. Sie rief Fabian an und lud ihn zum _____[6] ein. Heute hat Fabian eine neue _____[7] als Techniker mit einem guten _____.[8]

Wortraum

A. Schreiben Sie Wörter, die etwas mit Ihrer zukünftigen Karriere zu tun haben.

B. Was können Sie jetzt schon für Ihre zukünftige Karriere machen? Benutzen Sie einige der obigen Wörter und schreiben Sie vollständige Sätze.

_____

_____

_____

_____

Grammatik im Kontext

Future Tense

Übung 1   Wie wird das Wetter sein?

Sehen Sie sich die Bilder an, und schreiben Sie eine Antwort auf jede Frage. Benutzen Sie das Futur.

Wetterlage:

Der Wetterablauf wird heute sehr unbeständig sein. Wechselnd stark bewölkt, einzelne Schauer, mäßiger bis frischer, zeitweise starker und böiger Wind aus West bis Südwest. Die höchste Temperatur beträgt 17 Grad Celsius. Nachts teils wolkig, teils gering bewölkt, kaum noch Niederschläge, Temperatur bei 10 Grad.

Norddeutschland: Meist stark bewölkt, kurze Gewitter, Tageshöchstwert bei 18°.

Süddeutschland: Föhnig aufgelockert und trocken, im Südosten bis 21 Grad.

Westdeutschland: Stark bewölkt und einzelne Schauer, schwacher Südwestwind.

(Alle Daten: Wetteramt Berlin)

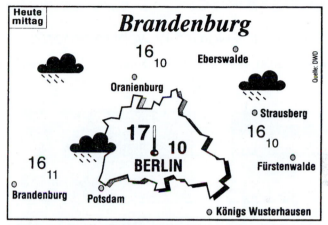

Morgen:

Wolkig bis bedeckt, gelegentlich Regen. Höchste Temperatur bei 18°. Schwacher bis mäßiger Südwestwind.

Werte in Berlin (gestern, 15 Uhr):

Der Luftdruck blieb von vorgestern zu gestern bei 1008 hPa. – Tendenz: fallend. – Relative Luftfeuchtigkeit: 81 %. – Lufttemperatur: 15° Celsius.

1. Wie wird das Wetter am Montag, Dienstag und Mittwoch sein?

   _____

2. Was wird am Mittwoch passieren?

   _____

3. Was für Wetter wird es am Freitag geben?

   _____

Lesen Sie jetzt die Wetterlage für Brandenburg für heute und für morgen. Schreiben Sie dann eine Wettervorhersage für morgen in Ihrer Gegend (Region). Benutzen Sie das Futur.

_____

_____

_____

_____

Expressing Probability

Übung 2   Kinder, was werdet ihr wohl machen?

Es ist jetzt das Jahr 2030. Was werden die Kinder wohl machen? Schreiben Sie Sätze mit **wohl** und **werden.**

BEISPIEL: Sophie: eine berühmte Schauspielerin sein. →
Sophie wird wohl eine berühmte Schauspielerin sein.

1. du: Bücher übersetzen

   _____

2. Max und Julia: im Ausland wohnen

   _____

3. Tobias: großen Erfolg haben

   _____

4. ich: bei einer Bank arbeiten

   _____

5. wir: sich mit Politik beschäftigen

   _____

6. ihr: einen Beruf im künstlerischen Bereich ausüben

   _____

   _____

Describing People or Things: Relative Clauses
The Relative Pronoun

Übung 3 So ist das!

Ergänzen Sie die Sätze mit Relativpronomen.

1. Das ist das beste Stellenangebot, _____ ich heute gesehen habe.

2. Das ist eine Firma, von _____ ich schon oft gehört habe.

3. Der Chef ist ein Mann, _____ ich nie vergessen werde.

4. Er ist auch ein Mensch, _____ Leben ich besonders interessant finde.

5. Seine Schwester ist eine Künstlerin, _____ Werke mir sehr gefallen.

6. Malen ist eine Tätigkeit, _____ ihr viel Spaß macht.

Übung 4 Jeden Monat etwas Besonderes

Wählen Sie die richtigen Relativsätze.

JEDER MONAT HAT BILDER, DIE MAN NICHT VERGISST.

1. Die Wintermonate bringen Schnee, _____

2. März bringt den Wind, _____

3. Im April und Mai kommen Blumen, _____

4. Im Sommer gibt es schöne Abende, _____

5. September ist der Monat, _____

6. Der Herbst bringt das Oktoberfest, _____

a. in dem viele Leute gern reisen.
b. den die Skiläufer besonders lieben.
c. die wir gerne im Freien verbringen.
d. das man fast überall feiert.
e. der vom Süden kommt.
f. deren Farben wunderschön sind.

Übung 5 Was soll ich lesen, wenn ich Karriere machen will?

Schreiben Sie Sätze wie im Beispiel.

> BEISPIEL: Soll ich eine Zeitung lesen? Sie hat Informationen über Berufsmöglichkeiten. →
> Soll ich eine Zeitung lesen, die Informationen über Berufsmöglichkeiten hat?

1. Soll ich ein Buch lesen? Die Autorin war in der Industrie sehr engagiert.

   _____

   _____

2. Soll ich einen Roman (*novel*) lesen? Der Hauptcharakter ist ein erfolgreicher Geschäftsmann.

   _____

   _____

3. Soll ich Magazinartikel lesen? Sie beschreiben meine Traumkarriere.

   _____

   _____

4. Soll ich diesen Artikel lesen? Er gibt viele Statistiken.

   _____

   _____

5. Soll ich das Stellenangebot online lesen? Es interessiert mich am meisten.

   _____

   _____

Übung 6 Ihre Lieblingsprodukte

Schreiben Sie kurze Anzeigen für vier Produkte, die Sie besonders mögen.

> BEISPIEL: (*Brand name*) ist der Käse, der mir am besten schmeckt.
> *oder* (*Brand name*) ist der Käse, den ich immer im Haus habe.
> *oder* ?

das Eis	die Schokolade
die Hustenbonbons	die Seife
der Käse	das Shampoo
die Kekse	der Tee
das Mineralwasser	der Wein
die Pizza	?
die Rasiercreme	

1. _____
   _____

2. _____
   _____

3. _____
   _____

4. _____
   _____

The Interrogative Pronoun *was für (ein)*

Übung 7   Ein interessantes Stellenangebot

A. Schreiben Sie Fragen mit **was für (ein)**.

> BEISPIEL: eine Anzeige (*subj.*) / sein / das →
> Was für eine Anzeige ist das?

1. ein Mensch / werden / so eine Anzeige (*subj.*) / interessieren
   _____
   _____

2. Interessen / müssen / ein Bewerber (*subj.*) / haben
   _____
   _____

3. Menschen (*subj.*) / werden / bei so einer Firma / sich bewerben
   _____
   _____

4. mit / ein Gimmick / präsentieren / man (*subj.*) / diese Stelle
   _____
   _____

5. eine Zeitschrift / empfehlen / man (*subj.*) / in / diese Stelle / als Werbeträger (*advertiser*)
   _____
   _____

6. bei / eine Firma / arbeiten / Herr Magister* Bogner (*subj.*)
   _____
   _____

---

*__Herr Magister / Frau Magister__ is the title for someone holding a master's degree.

B. Lesen Sie jetzt die ganze Anzeige, und markieren Sie dann alle richtigen Antworten auf jede Frage.

1. Welche Sprache müssen die Bewerber im Klartext (*straightforward language*) sprechen?
   a. Italienisch
   b. Holländisch
   c. Deutsch
   d. Englisch

2. Welche Sprachen brauchen die Bewerber nicht?
   a. Deutsch
   b. Holländisch
   c. Japanisch
   d. Italienisch

3. Was sollte man bei dieser Firma tun?
   a. Man sollte Deutsch sprechenden Leuten überall in der Welt die Automobilzeitschrift empfehlen.
   b. Man sollte die italienischen Medien verkaufen.
   c. Man sollte erklären, warum diese Zeitschrift besonders erfolgreich für die Tourismuswerbung (*advertising for tourism*) ist.
   d. Man sollte bei dieser Firma mehr als bei anderen verdienen.

C. Schreiben Sie jetzt eine Antwort auf die folgende Frage.

Sind Sie neugierig geworden, nachdem (*after*) Sie diese Anzeige gelesen haben? Warum (nicht)?

_____

_____

_____

Negating Sentences
Summary: The Position of **nicht**

Übung 8   Herr Königs Krone

Schreiben Sie jeden Satz mit **nicht.**

Cartoon: Erik Liebermann

1. Das ist Herr Königs Krone.

   _____

2. Der Hauswirt hat die Krone auf den Briefkasten gestellt.

   _____

3. Herr Königs Frau hat ihm diese Krone gekauft.

   _____

4. Die Krone gefällt dem Hauswirt.

   _____

5. Der Mann, der spricht, ist der Hauswirt.

   _____

6. Herr König muss aus seiner Wohnung kommen.

   _____

7. Er muss die Krone entfernen (*remove*).

   _____

8. Herr König trägt die Krone gern.

   _____

Negation: **noch nicht, noch kein(e);
nicht mehr / kein(e) ... mehr**

Übung 9   So ist das nicht.

Kim und Felix bewerben sich um eine Stelle. Beantworten Sie jede Frage
mit **nicht, noch nicht** oder **noch kein(e)**.

> BEISPIEL: Hat Felix die Anzeige in der Zeitung schon gelesen? →
>   Nein, er hat sie noch nicht gelesen.

1. Glaubt Felix, dass er für die Stelle als Fotograf qualifiziert ist?

   _____

   _____

2. Will Kim sich um die Stelle bei der Telefonzentrale bewerben?

   _____

   _____

3. Kennt Kim Frau Monien und Herrn Hansen?

   _____

   _____

4. Hat Kim Frau Monien angerufen?

   _____

   _____

5. Hat Kim schon einen Termin bei Frau Monien?

_____

_____

6. Wohnt Felix in der Nähe von der Firma Wüstefeld?

_____

_____

7. Kann Felix sich an die Adresse der Firma erinnern?

_____

_____

8. Haben Kim und Felix sich schon bei der Firma beworben?

_____

_____

9. Hat Kim ihren Lebenslauf schon abgeschickt?

_____

_____

Übung 10 Damals und jetzt

Vor ein paar Jahren war eine junge Frau Kommunikationselektronikerin. Und jetzt? Schreiben Sie auf jede Frage eine negative Antwort mit **nicht mehr** oder **kein(e) mehr**.

Ich bin bei der Post
(Kommunikationselektronikerin)

1. Ist sie noch Kommunikationselektronikerin?

_____

_____

2. Arbeitet sie noch immer bei der Post?

_____

_____

3. Bekommt sie noch ein Gehalt von der Post?

_____

_____

4. Installiert sie noch Telefone?

_____

_____

5. Programmiert sie noch Mikrocomputer?

_____

_____

6. Ist das noch ein Job für sie?

_____

_____

Sprache im Kontext

Lesen

A. Die folgenden Wörter kommen direkt aus dem Text „Ein Minimal-Check vorab" auf der nächsten Seite. Wie heißt das auf Englisch?

_____ 1. sich verständigen

_____ 2. klarkommen

_____ 3. Einkünfte

_____ 4. veranschlagen

_____ 5. beachten

_____ 6. erfahren

a. *to estimate, plan for*
b. *to make oneself understood*
c. *to discover, find out*
d. *to make ends meet* (coll.)
e. *to heed, observe*
f. *income*

B. Überfliegen Sie den Text. Wer sollte so eine Checkliste machen?
ein Deutscher / eine Deutsche, der/die …

1. eine Fremdsprache lernen will
2. den Urlaub in Nordamerika verbringen möchte
3. im Ausland arbeiten will
4. sich um eine Stelle bei einer Firma in Deutschland bewerben will
5. sich für Fitness und Gesundheit interessiert

EIN MINIMAL-CHECK VORAB:[1]

- Kennen Sie Land und Leute wirklich gut genug – auch außerhalb der Ferienorte?

- Sind Sie gesund und körperlich fit?

- Reichen Ihre Sprachkenntnisse aus,[2] um sich z. B. auch in Behörden[3] verständigen zu können?

- Wissen Sie, ob Sie mit Ihren regelmäßigen Einkünften in Ihrem Wunschland[4] klarkommen? In Dänemark, in der Schweiz und in Schweden beispielsweise sind die Lebenshaltungskosten höher als in Deutschland!

- Haben Sie genügend Zeit für die Vorbereitung eingeplant? Mindestens ein Jahr – besser mehr – sollten Sie veranschlagen, bevor Sie Deutschland verlassen.

- Waren Sie schon mal bei einer Beratungsstelle für Auswanderer?[5] Dort bekommen Sie wertvolle Tipps. Welche Formalitäten Sie unbedingt beachten müssen, erfahren Sie bei der jeweiligen Botschaft[6] Ihres Wunschlandes (siehe dazu auch Kontaktadressen und Info-Tipps).

[1]*in advance*
[2]reichen aus *suffice*
[3]in ... *with authorities*
[4]*desired country*
[5]*emigrants*
[6]*embassy*

C. Worüber muss man nachdenken, wenn man im Ausland arbeiten will? Lesen Sie den Text und machen Sie sich einige Notizen dabei.

BEISPIEL: Land und Leute: *wirklich gut kennen*

1. Körper: _____

2. Sprachkenntnisse (*language skills*): _____

3. Einkommen/Gehalt: _____

4. Vorbereitungszeit: _____

5. Beratungsstelle für Auswanderer: _____

6. Botschaft des Wunschlandes: _____

D. In welchem Land möchten Sie eines Tages wohnen und arbeiten? Warum? Wie müssen Sie sich vorbereiten, bevor Sie in diesem Land ankommen? Was müssen Sie lernen? lesen? machen? herausfinden? Welche Informationen müssen Sie bekommen? Worüber müssen Sie nachdenken? Wohin müssen Sie reisen? Was müssen Sie dort machen? Mit wem müssen Sie sprechen? Schreiben Sie eine Checkliste.

BEISPIEL: ✓ Chinesisch lernen

_____ _____

_____ _____

_____ _____

_____ _____

_____ _____

_____ _____

Na klar!

Schauen Sie sich das Foto an und spekulieren Sie: Was wird aus dieser Frau in der Zukunft werden? Was wird sie machen? Womit wird sie sich beschäftigen? Wird sie Erfolg haben? Warum (nicht)? Wird sie heiraten? Wird sie Kinder bekommen? Wo wird sie wohnen? Wird sie reisen? Warum (nicht)? Benutzen Sie das Futur und beschreiben Sie ihr zukünftiges Leben.

_____

_____

_____

_____

_____

_____

_____

_____

_____

Journal

Wählen Sie eines der folgenden Themen.

Thema 1: Das Leben in der Zukunft. Stellen Sie sich das Jahr 2030 vor und beschreiben Sie Ihr Leben.

- Wo werden Sie leben? Warum?
- In was für einem Haus oder einer Wohnung werden Sie wohnen?
- Werden Sie noch Student/Studentin sein?
- Werden Sie Erfolg haben? Was werden Sie von Beruf sein?
- Werden Sie viel Geld verdienen?
- Werden Sie vielleicht mehr Zeit für sich selbst haben?
- Was für Sportarten werden Sie treiben? Wie werden Sie sich fit halten?
- Wohin werden Sie reisen, wenn Sie Urlaub haben?
- Werden Sie ledig oder verheiratet sein?
- Werden Sie Kinder oder vielleicht schon Enkelkinder haben?

Thema 2: Das vierte Millennium. Beschreiben Sie die Welt und das Leben im Jahr 3000, so wie Sie sich alles vorstellen. Könnten wir so eine Welt noch erkennen (*recognize*)? Warum (nicht)?

- Wo werden die meisten Menschen wohnen?
- Wie werden sie leben?
- Was werden sie von Beruf machen?
- Wofür werden sie sich interessieren?
- Womit werden sie sich beschäftigen?

Haus und Haushalt

Kapitel 12

Alles klar?

A. Identifizieren Sie alles auf dem Foto. Schreiben Sie die Nummern und die bestimmten Artikel.

_8. die_____ Bäume   _____ Einfamilienhaus   _____ Gras

_____ Dach   _____ Erdgeschoss   _____ Himmel

_____ Dachgeschoss   _____ Fenster   _____ Treppe

B. Vervollständigen Sie die Sätze auf Seite 224 mit den richtigen Wörtern.

> Einfamilienhaus   Ernährung   Staubsauger
> Haushaltsgeräte   Frühstücksnische
> Mikrowellenherd   Waschmaschine
> Spülmaschine
> Müll
> Hefte   Wäschetrockner   Teppichböden   Garderoben

Das ist ein _____. Es hat _____, nämlich eine

_____ und einen _____ in der Küche und

irgendwo im Haus eine _____ und einen _____.

Es hat eine _____, wo man morgens eine Tasse Kaffee trinken kann.

Es hat auch _____. Dafür brauchte man bestimmt einen

_____.

Wörter im Kontext

Thema 1

Finanzen der Studenten

Aktivität 1   Kein Geld übrig

A. Der Mann im Cartoon hat einen Job mit einem guten Gehalt. Die Frau studiert noch ein Jahr und arbeitet abends. Der Mann rechnet (*calculates*) immer wieder, aber jedesmal kommt er zu diesem Resultat: Wenn er den Pool bauen lässt, ist kein Geld für die folgenden Dinge übrig. Schreiben Sie die Liste auf Deutsch.

_____ (*rent*)

_____ (*electricity*)

_____ (*water*)

_____ (*garbage*)

_____ (*insurance*)

_____ (*gas*)

_____ (*repairs*)

_____ (*telephone*)

_____ (*tuition*)

_____ (*notebooks*)

_____ (*pencils*)

_____ (*pens*)

_____ (*paper*)

_____ (*CDs*)

B. Welche monatlichen Ausgaben haben Sie? Welche haben Sie nicht? Schreiben Sie einen kurzen Aufsatz über Ihre Ausgaben für den letzten Monat. Wofür mussten Sie zum Beispiel das meiste Geld ausgeben? das wenigste? Vergleichen Sie Ihren Aufsatz mit dem der anderen Studenten und Studentinnen.

Aktivität 2   Wortfamilien

A. Schreiben Sie die Verben, die mit diesen Substantiven verwandt sind.

1. der Bau: _____

2. die Miete: _____

3. die Vermietung: _____

4. die Ausgabe: _____

5. der Vergleich: _____

6. die Sparkasse: _____

7. der Job: _____

8. die Einrichtung: _____

9. die Bitte: _____

B. Ergänzen Sie jetzt die folgenden Fragen mit Verben aus Teil A.

1. Wie viel Geld müssen Sie monatlich _____?

2. Möchten Sie eines Tages Ihr eigenes Haus _____? _____ Sie

    jetzt schon Geld für Ihr eigenes Haus? Müssen Sie es dann auch _____?

3. Müssen Sie _____, um Ihre monatlichen Ausgaben zu zahlen?

4. _____ Sie eine Wohnung, oder haben Sie ein Haus oder eine Woh-

    nung, wo Sie Zimmer an andere Studenten und Studentinnen _____?

5. Müssen Sie Ihre Eltern oft um Geld _____? Wie würden Sie Ihre

    finanzielle Situation mit der der anderen Studenten und Studentinnen

    _____?

Thema 2

Unsere eigenen vier Wände

Aktivität 3   Ein Haus auf dem Land

Sehen Sie sich den Cartoon auf der nächsten Seite an. Was fragt der eine Maulwurf den anderen?

ERSTER MAULWURF: Hat das Haus ...

1. *einen Keller* _____ ? (*a basement*)

2. _____ ? (*stairs*)

3. _____ ? (*an entrance*)

4. _____ ? (*a front hall*)

5. _____ ? (*a hallway*)

6. _____ ? (*a garage*)

7. _____ ? (balconies)

8. _____ ? (two floors)

9. _____ ? (an attic)

10. _____ ? (a roof)

11. _____ ? (guest rooms)

ZWEITER MAULWURF: Dieses Haus hat fast alles. Schau es dir nur an!

ERSTER MAULWURF: In welchem Raum kocht man denn?

ZWEITER MAULWURF: Man kocht in der _____.

ERSTER MAULWURF: Wie heißt das Zimmer, in dem man isst?

ZWEITER MAULWURF: Das heißt das _____.

ERSTER MAULWURF: Und wie heißen die Zimmer, in denen man schläft?

ZWEITER MAULWURF: Sie heißen die _____.

ERSTER MAULWURF: Wo sieht man gewöhnlich fern?

ZWEITER MAULWURF: Im _____.

ERSTER MAULWURF: Und in welchem Raum badet man?

ZWEITER MAULWURF: Im _____.

Aktivität 4   Wie beschreibt man das neue Haus?

Beschreiben Sie das Haus auf dem Bild in Aktivität 3 so vollständig wie möglich. Wo liegt es? Wie sieht es aus? Spekulieren Sie auch: Was für Räume hat es? Was für Geräte sind im Haus? Wer wird dieses Haus kaufen? Warum? Wer wird hier wohnen? Was wird dieser Mensch (Was werden diese Menschen) von Beruf sein? Wird dieser Mensch (Werden diese Menschen) hier glücklich sein? Warum (nicht)?

Thema 3

Unser Zuhause

Aktivität 5   Eine Wohnung zu vermieten

Stellen Sie sich vor: Der Freund von Fräulein Pöske will seine Wohnung vermieten. Deshalb zeigt Fräulein Pöske sie Herrn Werner. Herr Werner stellt Fräulein Pöske einige Fragen. Welche Antwort passt zu jeder Frage?

1. ungeheuer …
   immensely tasteful
2. *notices*
3. *sensitive*
4. *junk*

HERR WERNER	FRAULEIN PÖSKE
1. Wann hat man dieses Mietshaus gebaut? _____	a. Ja, Tiere sind erlaubt. Wie Sie sehen können, hat mein Freund eine Katze.
2. Wie weit ist dieses Mietshaus von der Innenstadt? _____	b. Ja, es gibt einen Mikrowellenherd, eine Spülmaschine, eine Waschmaschine und einen Wäschetrockner.
3. Wie viel Quadratmeter hat diese Wohnung? _____	c. Es wurde 1980 gebaut.
4. Wie viel kostet die Wohnung im Monat? _____	d. Ab dem 1. September.
5. Die Küche und Waschküche sind eingerichtet, nicht? _____	e. Ungefähr 15 Minuten zu Fuß.
6. Und ist die Heizung in den Nebenkosten mit eingeschlossen? _____	f. Monatlich beträgt die Miete 955 Euro plus 110 Euro Nebenkosten.
7. Erlauben Sie Haustiere? Ich habe nämlich einen kleinen Hund. _____	g. 50 Quadratmeter.
8. Ich brauche eine Wohnung möglichst bald. Wann kann ich einziehen? _____	h. Ja, natürlich.

Wortraum

A. Schreiben Sie Wörter, die etwas mit Ihren monatlichen Einnahmen und Ausgaben zu tun haben.

B. Wie wichtig ist Geld in Ihrem Leben? Warum? Schreiben Sie mindestens zwei vollständige Sätze.

_____

_____

_____

_____

Grammatik im Kontext

Verbs with Fixed Prepositions

Prepositional Objects: **da**-Compounds

Übung 1   Gestern und heute

Schreiben Sie eine vollständige Antwort auf jede Frage. Antworten Sie mit **ja** oder **nein** und einem Adverbialpronomen (**da**-*compound*).

[1](*colloquial for*) tue

1. Haben Sie sich als Kind über Geburtstagsgeschenke gefreut?

   Ja, ich habe mich darüber gefreut.

   oder Nein, ich habe mich darüber nicht gefreut.

2. Haben Sie sich als Kind auf die Sommerferien gefreut?

   _____

3. Mussten Sie als Kind immer lange auf die Sommerferien warten?

_____

4. Interessieren Sie sich für Medizin?

_____

5. Interessieren Sie sich für die Traditionen anderer Länder?

_____

6. Haben Sie Angst vor Krankheiten?

_____

7. Denken Sie oft über Probleme wie Armut (*poverty*) und Hunger nach?

_____

8. Ärgern Sie sich manchmal über die Politik?

_____

9. Beschäftigen Sie sich mit Technologie?

_____

10. Geben Sie viel Geld für Versicherung aus?

_____

11. Gehen Sie oft zur Bank?

_____

12. Tun Sie etwas für Ihre Karriere?

_____

13. Studieren Sie neben dem Beruf?

_____

LANDESKUNDE-INFO

ADAK is Germany's largest private system of colleges (**Hochschulen**) offering distance learning for working adults. In the United States, the University of Phoenix is the largest accredited private university system with online degree and distance learning programs for working adults.

Asking Questions: **wo**-Compounds

Übung 2   Wie sagt man das auf Deutsch?

Schreiben Sie die folgenden Fragen auf Deutsch. Benutzen Sie die **du**-Form.

1. *What are you afraid of?*

_____

2. *What are you thinking about?*

_____

3. *What are you waiting for?*

_____

4. *What are you looking forward to?*

_____

5. *What are you busy with?*

_____

6. *What are you happy about?*

_____

7. *What are you asking for?*

_____

8. *What are you annoyed about?*

_____

The Subjunctive

Expressing Requests Politely / The Present Subjunctive II: **haben, werden, können, mögen**

Übung 3   Höfliche Ausdrücke im Café

Schreiben Sie Sätze. Benutzen Sie den Konjunktiv II des Verbs sowie (*as well as*) die richtigen Formen der anderen Wörter in jedem Satz.

1: was / haben / Sie / gern?

   Was hätten Sie gern? _____

2: ich / haben / gern / eine Tasse Tee.

_____

3: ich / mögen / gern / eine Tasse Kaffee.

_____

4: werden / Sie / ich / bitte / den Marmorkuchen / beschreiben?

_____

5: ich / können / Sie / ein Stück Marmorkuchen / zeigen.

_____

The Use of **würde** with an Infinitive

Übung 4   Fragen Sie höflich.

Schreiben Sie jeden Imperativsatz neu als eine höfliche Frage mit **würde.**

> BEISPIEL: Öffne mir die Tür. →
> Würdest du mir bitte die Tür öffnen?

1. Hilf mir.

_____

2. Ruf mich morgen an.

_____

3. Kommt am Samstagmorgen vorbei.

_____

4. Bringt eure Fotos mit.

_____

5. Beschreiben Sie mir die Wohnung.

_____

6. Hören Sie damit auf.

_____

Übung 5   Was sagen Sie zu Ihren Freunden/Freundinnen?

Schreiben Sie noch je zwei Sätze.

> BEISPIEL: Du trinkst zu viel. →
> Du solltest nicht so viel trinken.
> Ich würde nicht so viel trinken.

1. Du fährst zu schnell.

_____

_____

2. Du gibst zu viel Geld aus.

_____

_____

3. Ihr verbringt zu viel Zeit am Strand.

_____

_____

4. Ihr geht auf zu viele Partys.

_____

_____

Expressing Wishes and Hypothetical Situations / The Present Subjunctive II: Strong and Weak Verbs / Talking About Contrary-to-Fact Conditions

Übung 6 Zeit und Geld: Tatsachen und Wünsche

Hier sind die Tatsachen! Machen Sie einen Wunsch für jede Tatsache.

WAS IST ZEIT OHNE GELD

Private Vorsorge
beginnt bei der Sparkasse

BEISPIEL: Wir haben zu wenig Zeit für uns. →
Wenn wir nur mehr Zeit für uns hätten!

1. Die Ferien sind zu kurz.

   _____

2. Wir müssen Tag und Nacht arbeiten.

   _____

3. Ich habe zu wenig Geld.

   _____

4. Die Mieten in dieser Stadt sind zu hoch.

   _____

5. Häuser kosten zu viel Geld.

   _____

6. Ich kann mir kein neues Auto kaufen.

   _____

Übung 7 Was wäre Ihnen lieber?

Was hätten Sie lieber? Beantworten Sie jede Frage mit einem der folgenden Ausdrücke. Benutzen Sie jeden Ausdruck mindestens einmal.

Ich möchte lieber …
Ich hätte lieber …
… wäre mir lieber.

1. Möchten Sie lieber mehr Zeit zum Arbeiten oder mehr Freizeit haben?

   _____

   _____

2. Möchten Sie lieber mehr Geld oder mehr Zeit haben?

   _____

   _____

3. Möchten Sie lieber zwei Karten für ein Rapkonzert oder für die Oper haben?

   _____

   _____

4. Möchten Sie lieber ein Haus am Strand oder im Wald haben?

   _____

   _____

5. Möchten Sie lieber einen neuen Sportwagen oder ein neues Segelboot haben?

   _____

   _____

6. Möchten Sie lieber eine Reise nach Afrika oder nach Australien machen?

   _____

   _____

Übung 8 Wohnheime

A. Lesen Sie den folgenden Text und ergänzen Sie die Sätze.

1. Für jeden dritten Student ist das Image der

   Wohnheime _____; jeder

   Vierte findet es _____.

2. Am meisten kritisieren die Studenten

   _____

   _____

   und _____

   _____.

[1]residents [2]durchaus … *quite satisfied*
[3]*questionnaire* [4]*shown* [5]*rates* [6]*move*
[7]*fehlende … lack of cleanliness* [8]*common areas*
[9]*small* [10]*living space*

Studentenwohnheime haben schlechtes Image

Obwohl Studentenwohnheime oft kein gutes Image haben, sind ihre Bewohner[1] aber durchaus zufrieden.[2] Das hat eine Befragung[3] des Hochschul-Informations-Systems (HIS) in Hannover ergeben.[4] Von allen Studenten bewertet[5] demnach nur knapp jeder Dritte das Image der Wohnheime als gut, jeder Vierte dagegen als schlecht. Von den Bewohnern würden aber neun von zehn wieder in ein Wohnheim ziehen.[6] Kritisiert wurden vor allem fehlende Sauberkeit[7] in Gemeinschaftsräumen[8] und die geringe[9] Größe des Wohnbereichs.[10] dpa

B. Neun von zehn Studenten würden aber wieder in einem Wohnheim wohnen. Beantworten Sie die folgenden Fragen.

1. Wohnen Sie jetzt in einem Wohnheim? _____

2. Haben Sie einmal in einem Wohnheim gewohnt? _____ Wenn ja:

   Würden Sie wieder in ein Wohnheim ziehen (*move*)? _____ Wenn

   nein: Würden Sie je (*ever*) in ein Wohnheim ziehen? _____

3. Würden Sie lieber in ein Wohnheim oder in eine Wohnung ziehen? Warum?

   _____

   _____

   _____

The Past Subjunctive II

Übung 9 Es ist einfach nicht passiert.

A. Schauen Sie sich das Bild an. Was denkt die Frau?

ES IST ALLES NICHT SO GELAUFEN, WIE ES HÄTTE LAUFEN KÖNNEN

EINEN KURZEN MOMENT LANG *schien alles möglich zu sein, damals, in den Achtundsechzigern. „Traue keinem über 30" heißt der Comic-* Band des Carlsen Verlags, in dem sich 21 Zeichner gefragt haben, was nach 30 Jahren übrig geblieben ist. Abbildung: Alfred von Meysenbug

1. Machen Sie einen Kreis um die Verbform im Konjunktiv.
2. Unterstreichen Sie die Verbform im Perfekt.
3. Wie könnte man diese Idee auf Englisch ausdrücken (*express*)?

_____

_____

B. Wenn nur … ! Schreiben Sie jetzt jeden Satz auf Deutsch.

     BEISPIEL: *If only we had known that then.* →
                   Wenn wir das damals nur gewusst hätten.

1. *If only I had saved more money.*

_____

2. *If only we had been more thrifty.*

_____

3. *If only I had done without a new car.*

_____

4. *If only our friends had not spent so much money.*

_____

5. *If only they had supported us.*

_____

6. *If only I had worked (at a temporary job) the entire year.*

_____

7. *If only you (infor. sg.) had been more responsible.*

_____

Sprache im Kontext

Lesen

A. Überfliegen Sie den folgenden Text. Suchen Sie dann das Synonym oder die Definition für jedes Wort.

1. _____ Thalkirchen

2. _____ (der) Papagei

3. _____ (die) Graupapageien-Dame

4. _____ (das) Viertel

5. _____ (das) Revier

6. _____ (der) Sonnenuntergang

7. _____ umgehend

8. _____ (der) Behördenwirrwarr

9. _____ unterwegs

10. _____ (das) Tierheim Riem

a. ein Stadtbezirk oder Stadtteil
b. die Nähe, wie das Viertel
c. das Chaos der Bürokratie
d. auf dem Wege
e. ein Stadtteil von Süd-München
f. ein Vogel, wie der auf dem Foto
g. ein Heim für Tiere im Stadtbezirk Riem in Ost-München
h. sofort
i. ein Papagei, der grau und auch nicht männlich sondern weiblich ist
j. das Ende des Tages, als die Sonne untergeht

Laura ist wieder da!

Thalkirchen - Sechs Wochen nach ihrem Verschwinden[1] ist Laura wieder zuhause. Seit 18 Jahren lebt die Graupapa-geien-Dame bei Ludwig Vogelrieder, der das exotische Tier einst aus der Gefangenschaft[2] befreite. Jeden Morgen - im Sommer wie im Winter - fliegt Laura nach dem Früh-stück ins Viertel auf und davon. Viele Menschen in Lauras Revier kennen und lieben den Papagei, der jeden Abend vor Sonnenuntergang wieder zu Ludwig Vogelrieder zu-rückkommt. Seit 12. Oktober war Laura jedoch ver-schwunden, viele Menschen im Viertel suchten nach ihr. Eine Familie, die in der Nähe wohnt, hatte den Vogel da-mals entdeckt[3] und dies umgehend der Polizei gemeldet.[4] Doch die Meldung ging im Behördenwirrwarr fast unter. Viermal war das Schreiben als Irrläufer[5] zwischen Polizei, KVR[6] und Tierheim Riem unterwegs. Am vergangenen Frei-tag erhielt Ludwig Vogelrieder aus dem Tierheim endlich die Nachricht,[7] dass es seinem Papagei gut geht. Über-glücklich holte er Laura, die ihren Ausflug gut überstan-den[8] hat, ab.   Foto: job

[1] disappearance (verb: to disappear)   [2] captivity
[3] discovered   [4] reported   [5] misdirected document
[6] Kreisverwaltungsreferat (a city administrative department in Munich)   [7] report   [8] survived

B. Lesen Sie den Text jetzt einmal durch, und schreiben Sie eine kurze Antwort auf jede Frage.

1. Wo findet diese Geschichte statt? _____

2. Wie heißt der Vogel? _____

3. Was für ein Vogel ist Laura? _____

4. Wie heißt der Mann, mit dem der Vogel wohnt? _____

5. Wie lange lebt der Vogel bei diesem Mann? _____

6. Was macht der Vogel jeden Morgen? _____

7. Was macht der Vogel jeden Abend? _____

8. Wer kennt und liebt diesen Vogel? _____

9. An welchem Datum ist der Vogel verschwunden? _____

10. Wie lange war der Vogel weg? _____

C. Lesen Sie jetzt den Text sorgfältig (*carefully*) durch. Bringen Sie dann die folgenden Sätze in die richtige Reihenfolge.

_____ Eine Familie, die in der Nähe wohnt, sah den Papagei und sprach mit der Polizei darüber.

_____ Herr Vogelrieder holte den Papagei sofort vom Tierheim Riem ab.

_____ Herr Vogelrieder befreite Laura und brachte sie nach Hause mit.

_____ Heute ist der Papagei gesund und wieder zu Hause.

_1_ Vor 18 Jahren war Laura in Gefangenschaft.

_____ Aber am 12. Oktober flug Laura weg und kam nicht wieder zurück.

_____ Sechs Wochen später bekam Herr Vogelrieder die Nachricht, dass der Vogel in einem Tierheim war.

_____ Jeden Morgen flug Laura ins Viertel, und jeden Abend kam sie wieder nach Hause zurück.

D. Wie wichtig sind Haustiere in Ihrem Leben? Erklären Sie Ihre Antwort.

_____

_____

_____

_____

Na klar!

Schauen Sie sich das Foto auf Seite 239 an und stellen Sie sich vor: Wie wäre Ihr Leben in diesem Haus? Schreiben Sie vollständige Sätze.

1. Wie würden Sie Ihre Freizeit verbringen?

   _____

   _____

2. Was würden Sie am Leben hier am besten finden?

   _____

   _____

3. Würden Sie ein Haustier haben? vielleicht einen Hund, eine Katze, einen Fisch oder einen Kanarienvogel? Warum (nicht)?

   _____

   _____

4. Wofür würden Sie Ihr Geld sparen?

   _____

   _____

Journal

Wählen Sie eins der folgenden Themen.

Thema 1: Beschreiben Sie Ihr Traumhaus.

- Wo würden Sie leben?
  - ☐ im Zentrum einer Großstadt?
  - ☐ in der Vorstadt einer großen Metropole?
  - ☐ in einer Kleinstadt?
  - ☐ in einem europäischen Kurort?
  - ☐ auf dem Land?
  - ☐ in den Bergen?
  - ☐ im Wald?
  - ☐ am Strand?
  - ☐ an einem See?
  - ☐ an einem Fluss?
  - ☐ in der Wüste (*desert*)?
  - ☐ im Dschungel?
  - ☐ auf einer Insel im Südpazifik?
  - ☐ ?

- Was für ein Zuhause hätten Sie gern?
    - ☐ eine Villa?
    - ☐ ein großes Schloss?
    - ☐ eine renovierte Burg?
    - ☐ ein altes Bauernhaus?
    - ☐ ein modernes Einfamilienhaus?
    - ☐ eine Wohnung in einem Stadthaus?
    - ☐ ein Penthaus?
    - ☐ eine Dachwohnung?
    - ☐ ein Hausboot?
    - ☐ eine Kabine auf einem Schiff?
    - ☐ eine Jacht?
    - ☐ ein Zelt?
    - ☐ eine Hütte (*cabin*)?
    - ☐ ?

- Woraus wäre das Haus gebaut?
    - ☐ aus Holz?
    - ☐ aus Stein?
    - ☐ aus Stroh?
    - ☐ aus Beton (*concrete*)?
    - ☐ aus Backstein (*brick*)?

- Würden Sie das Haus aus ökologischen oder ästhetischen Prinzipien bauen?

- Was für einen Ausblick würden Sie jeden Tag genießen (*enjoy*)?

- Wie würden Sie Ihre Tage verbringen?

Thema 2: Wie könnte man Studentenwohnheime verbessern (*improve*)? Wie würden Sie das ideale Studentenwohnheim beschreiben? Wie würden Sie zum Beispiel die Architektur / die Atomosphäre / die Gemeinschaftsräume (*common areas*) / die Studentenzimmer / die Terrassen/ die Gärten / __?__ beschreiben? Wie könnte das Studentenleben besser sein?

Thema 3: Sind Sie ein guter Mensch? Schreiben Sie über sich selbst. Benutzen Sie einige oder alle der folgenden Ideen.

- Würden Sie von sich sagen, dass Sie ein guter Mensch sind? Warum (nicht)?

- Helfen Sie anderen Menschen oder Organisationen durch Spenden oder Tätigkeiten (*deeds*)? Wenn ja: Welche? Wieso? Wenn nein: Warum nicht?

- Was haben Sie einmal getan, was Sie jetzt bereuen (*regret*)? Was würden Sie anders machen, wenn Sie alles noch einmal erleben könnten?

- Was für ein Verhältnis haben Sie mit Ihrer Familie und Ihren Freunden? Wie könnte es besser sein?

- Was wäre die absolute Katastrophe für Sie? das absolute Glück?

Thema 4: Wer ist Ihnen ein gutes Vorbild? Warum? Warum möchten Sie wie dieser Mensch sein? Welche Eigenschaften hat er/sie? Was ist diesem Menschen wichtig? unwichtig? Wie würden Sie seinen/ihren Lebensstil beschreiben? seine/ihre Lebensphilosophie? Schreiben Sie über diesen Menschen.

Medien und Technik

Kapitel 13

Alles klar?

A. Schauen Sie sich das Foto an und wählen Sie mögliche Antworten. Mehr als eine Antwort kann richtig sein.

1. Wo ist dieser Mann?
   a. an einem Kiosk in der Altstadt
   b. am Bahnhof
   c. im Supermarkt
   d. am Flughafen
   e. in einer Buchhandlung im Stadtzzentrum

2. Was kann man hier kaufen?
   a. Camcorder und Digitalkameras
   b. Computer und Drucker
   c. Zeitschriften
   d. Handys
   e. Zeitungen

B. Welche Zeitungen kommen aus welchen Städten oder Regionen?

1. Bonn: *General-Anzeiger*

2. München: *tz (Tageszeitung)*

   und

3. Frankurt:

4. Saarbrücken:

5. Süddeutschland:

Wörter im Kontext

Thema 1

Medien

Aktivität 1   Zeitungen

Goslar ist eine Kleinstadt im Harz (*Harz mountain area*). Lesen Sie die Anzeige über die „Goslarsche Zeitung", und beantworten Sie jede Frage mit einem kurzen aber vollständigen Satz.

1. Ist die „Goslarsche" eine Morgen- oder eine Abendzeitung?

2. Ist sie eine Tages- oder eine Wochenzeitung?

3. Worüber informiert die „Goslarsche"?

   _____

   _____

4. Wie viele Leser hat diese Zeitung?

   _____

5. Seit wann existiert diese Zeitung?

   _____

Aktivität 2   Lesen Sie Zeitung?

Schreiben Sie die fehlenden Wörter, und markieren Sie Ihre Antworten. Wenn Sie Zeitung lesen, lesen Sie

		JA	NEIN
1. _____? (*the headlines*)		☐	☐
2. _____? (*the news*)		☐	☐
3. _____? (*the local news*)		☐	☐
4. über _____? (*the economy*)		☐	☐
5. über _____? (*politics*)		☐	☐
6. über _____? (*the stock market*)		☐	☐
7. _____? (*the horoscope*)		☐	☐

Aktivität 3   Fernsehen

Schauen Sie sich das Bild an.

Beantworten Sie die Fragen.

1. Was fragt das Kind die Eltern?

   _____

2. Warum kann er sich die Kindersendungen nicht ansehen?

   _____

   _____

3. Was sieht der Junge im Fernsehen? Er sieht sich _____ an.
   a. einen Dokumentarfilm über die Wirtschaft
   b. die Tagesschau
   c. einen Spielfilm aus den USA, heute Abend nämlich ein Musical
   d. eine Detektivsendung / einen Krimi
   e. eine Werbesendung für Bier
   f. einen politischen Bericht

4. Wie heißt die Sendung, die der Junge sich ansieht? Sie heißt _____
   (*Scene of the Crime*) und ist seit vielen Jahren eine populäre Fernsehserie in Deutschland.

5. Es ist schon nach Mitternacht, und Sie können nicht einschlafen. Was machen Sie?
   ☐ Ich überfliege eine Mode- oder Sportzeitschrift.
   ☐ Ich sehe mir einen alten Spielfilm im Fernsehen an.
   ☐ Ich lese mein Horoskop in der Zeitung.
   ☐ Ich sehe mir einen Dokumentarfilm im Fernsehen an.
   ☐ Ich lese einen Kriminalroman.
   ☐ Ich surfe im Internet.

Thema 2

Leben mit Technik

Aktivität 4   Alles ist schon veraltet.

Max besucht seinen Großvater und sieht allerlei veraltete (*outdated*) Geräte bei ihm. Schauen Sie sich das Bild an und ergänzen Sie.

MAX: Opa, du solltest dir unbedingt einen neuen _____¹ anschaffen. Deiner ist doch mindestens 20 Jahre alt und total veraltet.

GROSSVATER: Veraltet? Der tut es noch sehr gut! Ich brauche keinen neuen.

MAX: Hast du schon mal die neuen Computer gesehen? Einen mit Flachbildschirm (*flat-panel monitor*) vielleicht, oder ein Notebook? Und dann kauf dir gleich einen neuen _____². Die neuen Farblaser sind Klasse.

GROSSVATER: Der alte funktioniert noch sehr gut.

MAX: Und du brauchst bestimmt das alte _____³ und den _____⁴ nicht mehr. Kauf dir einfach ein Handy. Und das alte _____⁵ ist wirklich nicht notwendig. Mit Internetanschluss und einem Scanner brauchst du es gar nicht.

GROSSVATER: He he he. Ich habe aber keinen Scanner und keinen Internetanschluss …

Aktivität 5 Spaß mit Wörtern

Schreiben Sie die fehlenden Wörter.

Definitionen

1. Was man erfindet, ist eine _____.

2. Ein _____ ist ein Gerät, mit dem man Videos aufnehmen kann.

3. Das Gegenteil (*opposite*) von Inland ist _____.

4. Wenn man eine Zeitung oder eine Zeitschrift abonniert, hat man ein _____.

5. Wenn man mit den Augen schnell über einen Text hinweggeht, _____ man ihn.

Sinnverwandte Wörter

6. Ein anderes Wort für **intelligent** ist _____.

7. Ein anderes Wort für **dumm** ist _____.

8. Ein anderes Wort für **das Magazin** ist _____.

9. Ein anderes Wort für **ansehen** ist _____.

Aktivität 6 Sonjas Aufgaben

A. Diesen Sommer macht Sonja ein Praktikum bei einer großen Firma. Sie macht eine Liste ihrer Aufgaben. Schreiben Sie jeden Ausdruck auf Deutsch.

BEISPIEL: *leave phone messages:* _telefonische Nachrichten hinterlassen_

1. *print documents:* _____

2. *send and receive e-mails:* _____

3. *subscribe to periodicals:* _____

4. *skim the headlines daily:* _____

5. *record the news:* _____

6. *do research on the Internet:* _____

B. Welche Aufgaben machen Sie regelmäßig? manchmal? nie? Schreiben Sie vollständige Sätze. Benutzen Sie jeden Ausdruck in Teil A.

_____

_____

_____

_____

_____

Wortraum

A. Wir werden täglich mit Informationen bombardiert. Woher kommen diese Informationen? Zeichnen Sie ein Bild mit Wörtern.

B. Erklären Sie, wie Sie informiert bleiben. Benutzen Sie einige der obigen Wörter in vollständigen Sätzen.

_____

_____

_____

_____

Grammatik im Kontext

Infinitive Clauses with *zu*

Übung 1   Wie kann man das Leben mehr genießen?

Erwin und Petra Berger haben entdeckt, dass ihr Leben nur noch aus Arbeit und Stress besteht (*consists*). Deshalb haben sie sich entschlossen (*decided*), von jetzt ab alles anders zu machen.

GEZIELT ZU MEHR ZEIT.

GENIESSEN SIE DEN VORTEIL,
GEZIELT MEHR ZEIT ZU HABEN:

MEGAtimer
GEZIELT ZU MEHR ZEIT.

A. Was sind ihre Vorsätze (*resolutions*)? Bilden Sie vier Sätze mit Ausdrücken aus beiden Spalten.

sie haben sich entschlossen	einen Computer kaufen
sie versprechen (*promise*) sich selbst	im Sommer Urlaub machen
sie dürfen nicht mehr vergessen	mehr Bücher lesen
es ist wichtig	jeden Tag spazieren gehen
	mehr Zeit zusammen verbringen
	mehr mit den Kindern unternehmen
	öfter ins Kino gehen
	am Wochenende lange schlafen
	?

BEISPIEL: Sie haben sich entschlossen, mehr Zeit zusammen zu verbringen.

1. _____

2. _____

3. _____

4. _____

B. Besteht Ihr Leben nur noch aus Arbeit und Stress? Wie könnten Sie es verbessern? Ergänzen Sie die Sätze.

1. Ich habe mich entschlossen, _____

2. Ich verspreche mir selbst, _____

3. Ich darf nicht mehr vergessen, _____

4. Es ist wichtig, _____

Übung 2   Was für ein Haus scheint das zu sein?

Schauen Sie sich die Anzeige für ein Haus in Zell am Moos an.
Was für ein Haus ist das? Antworten Sie auf die Fragen mit
scheinen.

BEISPIEL: Ist das Haus auf dem Land? →
Das Haus scheint auf dem Land zu sein.

1. Ist es ein Bauernhaus?

   _____

2. Ist das Haus in der Nähe des Mondsees?

   _____

   _____

3. Ist es total renoviert?

   _____

4. Ist es in einer sonnigen Lage?

   _____

5. Ist der Preis des Hauses höher als 500 000 Euro?

   _____

   _____

Übung 3   Ein neues Haus, ein neues Leben

Familie Werner ist in ein neues Haus eingezogen. Herr Werner macht Pläne, aber Frau Werner sagt, dass das alles gar nicht nötig (*necessary*) ist. Schreiben Sie ihre Antworten auf die Vorschläge (*suggestions*) ihres Mannes. Benutzen Sie **brauchen + zu.**

HERR WERNER: Wir müssen viel Geld ausgeben.

FRAU WERNER: *Wir brauchen nicht viel Geld auszugeben.* _____

HERR WERNER: Wir müssen Haushaltsgeräte kaufen.

FRAU WERNER: _____

_____

HERR WERNER: Wir müssen uns einen Computer und einen Drucker anschaffen.

FRAU WERNER: _____

_____

HERR WERNER: Wir müssen uns einen größeren Fernseher kaufen.

FRAU WERNER: _____

_____

HERR WERNER: Wir müssen Zeitungen und Zeitschriften abonnieren.

FRAU WERNER: _____

_____

HERR WERNER: Wir müssen unsere ganzen Freunde zu uns einladen.

FRAU WERNER: _____

_____

Infinitive Clauses with *um ... zu*

Übung 4   Warum Helmstedt?

HELMSTEDT – Erholung fast vor Ihrer Tür!

Wandern in ausgedehnten Wäldern und abwechslungsreicher Landschaft; Bummeln in historischer Altstadt-Atmosphäre; Schwimmen im Hallenbad oder im beheizten Waldbad (Mai bis August), Radfahren, Angeln, Reiten, Tennis und interessante kulturelle Angebote. Ruhe und Entspannung   im staatlich anerkannten Erholungsort Bad Helmstedt.

Information: Stadt Helmstedt
Amt für Information und Fremden-
verkehr, Markt 1, 3330 Helmstedt
Telefon 05351 / 1 73 33

Lesen Sie die Annonce für Helmstedt, und schreiben Sie zu jeder Frage eine kurze Antwort mit **um ... zu.**

> BEISPIEL: Warum würde man gern in der Umgebung der Wälder wohnen? (wandern) →
> Man würde da gern wohnen, um zu wandern.

1. Warum würde man in einem Dorf wohnen wollen? (sich schöne Landschaften anschauen)

   _____

   _____

   _____

2. Warum sollte man Helmstedt besuchen? (durch die historische Altstadt spazieren gehen)

   _____

   _____

   _____

3. Warum sollte man Helmstedt wählen (*choose*)? (Rad fahren, angeln, reiten und Tennis spielen) (*Hint: Place* **zu** *before each infinitive in the* **um***-clause.*)

   _____

   _____

   _____

4. Warum sollte man die Ferien in Helmstedt verbringen? (sich entspannen und sich erholen)

   _____

   _____

   _____

5. Warum sollte man an das Fremdenverkehrsamt schreiben? (Informationen bekommen)

   _____

   _____

   _____

Übung 5 Was sind die Gründe dafür?

Formulieren Sie Sätze mit **um ... zu.**

BEISPIEL: ich / sparen / einen Computer kaufen →
Ich spare, um einen Computer zu kaufen.

1. du / fit bleiben / einen Marathon laufen

_____

_____

2. die Kinder / den Fernseher anmachen / „Die Simpsons" sehen

_____

_____

3. Benjamin / den Computer anschalten / an seinen Hausaufgaben arbeiten

_____

_____

4. Anna / sich aufs Sofa hinsetzen / eine Zeitschrift lesen

_____

_____

5. wir / den Fernseher programmieren / unsere Lieblingssendung aufnehmen

_____

_____

6. ich / sich die Nachrichten anschauen / sich über aktuelle Themen informieren

_____

_____

Indirect Discourse

Subjunctive I: Present Tense

Übung 6   Was sagt man über Bronski?

Bronski arbeitet bei der *Frankfurter Rundschau*. Ergänzen Sie den folgenden Absatz mit Verben im Konjunktiv I.

Man sagt, Bronski _____ (sein) unser

Mann in der FR-Redaktion. Er _____

(sorgen) dafür, dass unsere Meinung ins Blatt und ins Blog

kommt. Er _____ (repräsentieren)

unsere Interessen gegenüber Redakteuren. Er

_____ (korrigieren) Fehler, und er

_____ (kümmern) sich um unsere

Wünsche. Man sagt, er _____ (haben)

direkten Zugang zur Chefredaktion und er

_____ (sein) unser Mittelsmann zur

Redaktion.

Subjunctive I: Past Tense

Übung 7   Wer hat was gesagt?

Schreiben Sie jeden Satz als Zitat (*quote*).

> BEISPIEL: Der Polizist fragte den Zeugen (*witness*), was er
> gesehen habe. →
> Der Polizist fragte den Zeugen: „Was haben Sie
> gesehen?"

1. Der Zeuge antwortete, dass der Dieb (*thief*) um halb elf aus der Bank gelaufen sei.

   _____

   _____

2. Eine Bankangestellte sagte, sie habe den Dieb so genau wie möglich beschrieben.

   _____

   _____

3. Sie erklärte, der Dieb habe eine Maske getragen.

   _____

   _____

Bronski ist Ihr Mann in der FR-Redaktion[1]

Bronski sorgt dafür,[2] dass Ihre Meinung ins Blatt[3] und ins Blog kommt.

Er vertritt[4] Ihre Interessen gegenüber Redakteuren.

Er korrigiert unsere Fehler.[5]

Er kümmert sich um[6] Ihre Anliegen.[7]

Bronski hat jederzeit direkten Zugang[8] zur Chefredaktion.

Er ist Ihr Mittelsmann zur Redaktion.

Schreiben Sie an:
Bronski, Frankfurter Rundschau
60266 Frankfurt am Main
Faxen Sie an: 069 / 2199-3666
Mailen Sie an:
Bronski@fr-online.de
Leserbrief@fr-online.de

Oder diskutieren Sie mit Bronski und anderen FR-Lesern im Blog:
www.frblog.de

Die Redaktion behält sich vor, Leserbriefe zur Veröffentlichung zu kürzen.

[1]*editorial staff*   [2]*sorgt … ensures*
[3]*ins … in die Zeitung*
[4]*repräsentiert*   [5]*mistakes*
[6]*kümmert … takes care of*
[7]*Wünsche, Probleme*   [8]*access*

4. Der Polizist fragte, ob der Dieb allein gewesen sei.

_____

_____

5. Der Zeuge behauptete, der Dieb sei in einem schwarzen Mercedes weggefahren.

_____

_____

6. Er sagte auch, dass er eine Frau am Steuer (*wheel*) gesehen habe.

_____

_____

Übung 8   Interview

Sie sind Zeitungsreporter(in). Interviewen Sie einen Studenten oder eine Studentin. Machen Sie sich Notizen. (*Present the results of your interview in one of the following formats.*)

1. Interview format: Write the questions and answers exactly as spoken.

   ICH: Wo bist du geboren?
   SAM: Ich bin in Minneapolis geboren.

2. Report format: Write the results in a third-person report.

   Sam Maxwell ist in Minneapolis geboren. Er …

Fragen Sie Ihren Gesprächspartner oder Ihre Gesprächspartnerin,

- wo er/sie geboren ist.
- was für ein Auto er/sie fährt.
- was er/sie studiert und warum.
- ob er/sie immer gern in die Schule gegangen ist.
- was ihm/ihr an der Universität gefällt, und was ihm/ihr daran nicht gefällt.
- was er/sie gern in der Freizeit macht (welche Hobbys er/sie hat, und welche Sportarten er/sie treibt).
- was er/sie gern im Fernsehen sieht, und was er/sie nicht gern sieht.
- was er/sie gern liest.

Sprache im Kontext

Lesen

A. Was kann man sich im Schweizer Fernsehen ansehen? Lesen Sie zuerst die Schlagzeilen und dann die letzte Zeile von jeder Beschreibung.

1. *Doppelleben*

Er hat zwei Wohnungen und zwei Ehefrauen:[1] der Taxifahrer Hugo Meier **(Jörg Schneider, r.).** Das Leben zwischen den beiden Wohnorten ist perfekt geplant, und das muss so sein–denn die beiden Frauen wissen nichts voneinander. Alles läuft wie am Schnürchen,[2] bis Hugo eines Morgens einen Unfall[3] hat... Herrliche Komödie mit **Paul Bühlmann (l.),** Birgit Steinegger und Peter W. Staub. *Liebe macht erfinderisch, SA 20.10 SF 1*

2. *Blondine mit Herz*

Die attraktive Friseuse[4] Anna **(Eva Habermann)** ist eigentlich auf der Suche nach[5] einem reichen Mann, als ihr der 11jährige Nick **(Ivo Möller)** über den Weg läuft. Der kleine Ausreisser,[6] eben von Strassenkids ausgeplündert,[7] erweicht[8] ihr Herz. Sie nimmt ihn bei sich auf. Der gerissene[9] Junge hat schon bald seine Pläne mit Anna, obwohl diese gerade den steinreichen Philipp Steinmann kennengelernt hat.

Die Frisöse und der Millionär, SO 20.15 RTL

3. *Heimliche Untermieter*

Ferdinand Schmölling ist Fleischer[10] und kein Freund von Ausländern. Seine Mieterin[11] quartiert jedoch in seiner Villa drei Kurden ein.[12] Schmölling gefällt das Gastfamilienmodell auf Zeit überhaupt nicht. Seine Tochter Desirée hingegen[13] ist von den Neuankömmlingen begeistert[14] und unternimmt einen Ausflug[15] mit dem Sohn der Familie. Nach sechs Wochen sollen die Kurden wieder ausziehen,[16] doch da entdeckt Ferdinand, dass Yilmaz schlachten[17] kann – wenn Ferdinand das gewusst hätte… – Eine Komödie des in Zürich lebenden Filmemachers Samir. *Die Metzger, MO 20.15 ZDF*

4. *Auf Partnersuche*

Als alleinerziehende[18] Mutter von zwei Kindern hat Louisa eine Menge Schwierigkeiten am Hals:[19] kein Geld, keine geeignete Wohnung und – keinen Mann. Von letzterem Problem wird auch ihre Freundin Christa geplagt,[20] daher bewirbt sie sich bei einer Fernsehpartnershow. Louisa begleitet[21] ihre Freundin zur Aufzeichnung[22] ins Studio. Und dort nimmt das Schicksal[23] seinen Lauf.[24] Wegen eines plötzlichen Ausschlages[25] kann Christa nicht antreten,[26] da springt Louisa für sie ein.[27]

Blind Date – Flirt mit Folgen, DI 20.15 PRO 7

[1]*wives* [2]*wie … like clockwork* [3]*accident* [4]*hairdresser* [5]*auf … looking for* [6]*runaway* [7]*robbed* [8]*softens* [9]*crafty* [10]*Metzger* [11]*tenant* [12]*quartiert ein gives lodging to* [13]*on the other hand* [14]*enthusiastisch* [15]*kleine Reise* [16]*move out* [17]*butcher* [18]*single* [19]*hat … hat Louisa viele Probleme* [20]*plagued* [21]*geht mit* [22]*recording* [23]*fate* [24]*course* [25]*plötzlichen … sudden rash* [26]*go on (the show)* [27]*springt ein steps in*

Welche Informationen stehen am Ende?

_____ Titel   _____ Datum   _____ Tageszeit

_____ Produzent/Produzentin   _____ Hauptidee   _____ Rollen

_____ Tag   _____ Programm   _____ Genre

B. Lesen Sie die vier Texte, und füllen Sie die folgende Tabelle aus. Nicht alle Texte enthalten alle Informationen.

	SENDUNG 1	SENDUNG 2	SENDUNG 3	SENDUNG 4
Titel				
Schauspieler/ Schauspielerin(nen)				
Rolle(n)/ Charakter(e)				
Hauptidee				
Genre				
Tag/Zeit/Programm				

C. Was passiert am Ende der Sendungen? Welche Frage passt zu welchem Charakter?

1. _____ Findet sie einen Partner?

2. _____ Ändert (*Change*) er seine Meinung (*opinion*) über Ausländer?

3. _____ Was machen jetzt seine Frauen?

4. _____ Was macht sie jetzt mit dem Jungen?

   a. der Metzger
   b. der Taxifahrer
   c. die Friseuse
   d. die Mutter

D. Gibt es bald eine Unterhaltungssendung, eine Sportsendung oder sonst was im Fernsehen, das Sie unbedingt sehen wollen? Wie heißt die Sendung? Wann und in welchem Programm kommt sie? Schreiben Sie eine kurze Anzeige für diese Sendung oder diesen Film. Benutzen Sie die vorhergenden Aufsätze als Beispiele. Natürlich können Sie in Ihrer Anzeige auch ein Bild benutzen.

Na klar!

A. Sehen Sie sich das Foto an. Stellen Sie sich vor, dass Sie Reporter/Reporterin bei einer Zeitschrift sind und diesen Touristen interviewen. Was würden Sie den Mann fragen? Wie würde er vielleicht Ihre Fragen beantworten? Machen Sie sich zuerst auf diesem Blatt Notizen.

Fragen Sie ihn zum Beispiel, …

- wer er ist.

- was er von Beruf ist.

- woher er kommt.

- warum er in dieses Land gereist ist.

- wie lange er in dieser Stadt bleibt.

- was er hier machen möchte.

- was er jetzt sucht und warum.

- ___?___

B. Schreiben Sie jetzt einen kurzen Artikel über den Mann. Benutzen Sie die indirekte Rede, wenn Sie ihn zitieren (*quote*). Versuchen Sie den Artikel so zu strukturieren, dass er für die Leser interessant ist.

Journal

Wählen Sie eins der folgenden Themen.

Thema 1: Ihre Lieblingssendung

- Gibt es eine Fernsehsendung oder -serie, die Sie unbedingt sehen müssen? Wie heißt sie? Wann, wie oft, und in welchem Programm kommt sie?
- Schreiben Sie eine kurze Anzeige für diese Sendung. Benutzen Sie vielleicht auch ein Bild oder Foto.

Thema 2: Sie und die Massenmedien

- Woher bekommen Sie Ihre Informationen? von E-Mail? vom Internet? von Lehrbüchern? von den Nachrichten im Fernsehen und im Radio? von Zeitungen? von Zeitschriften? von Anzeigen?
- Welche Zeitungen und Zeitschriften lesen Sie und wie oft? Lesen Sie die ganze Zeitung/ Zeitschrift oder nur einige Teile davon? Lesen Sie sie online oder im Druck?
- Was für Sendungen interessieren Sie im Fernsehen? Welche sind Ihre Lieblingssendungen? Warum?
- Hören Sie oft Radio? Wenn ja: Welche Sendungen hören Sie meistens? Nachrichten? Rockmusik? klassische Musik? Countrymusic? Oldies? Jazz? Rap?
- Was denken Sie über die Massenmedien? Wie würden Sie sie verbessern (*improve*)?

Thema 3: Sie und Technik

- Welche Geräte haben Sie selbst im Haushalt? Gibt es Geräte, die Sie regelmäßig benutzen aber nicht besitzen?
- Was für Geräte möchten Sie eines Tages kaufen?
- Was halten Sie von solchen elektrischen und elektronischen Geräten? Könnten Sie leicht auf diese Geräte verzichten? Warum (nicht)?

Die öffentliche Meinung

Kapitel

14

Alles klar?

A. Was sehen Sie auf dem Bild? Kreuzen Sie an.

_____ eine Demonstration   _____ eine Sammelstelle

_____ das Brandenburger Tor   _____ Menschenmassen

_____ ein Windrad   _____ verschiedene Verkehrsmittel

_____ eine Darstellung vom trojanischen Pferd   _____ viele Demonstranten

B. Schauen Sie sich das Bild an und wählen Sie die wahrscheinlichste Antwort auf jede Frage.

1. In welcher Stadt findet diese Demonstration statt?
    a. München   b. Bonn   c. Berlin   d. Hamburg

2. Wer demonstriert?
    a. Schüler/Schülerinnen   b. Bürger/Bürgerinnen   c. Politiker/Politikerinnen
    d. Ausländer/Ausländerinnen

3. Wogegen protestieren sie?
    a. gegen Parteipolitik   b. gegen Krankheiten   c. gegen Gewalttätigkeit
    d. gegen Rassismus

Wörter im Kontext

Thema 1
Globale Probleme

Aktivität 1   Was könnte man fragen?

Streichen Sie den Infinitiv aus (streichen aus *cross out*), der die Frage **nicht** logisch ergänzt.

1. Sollte man Alkohol _____
   a. verbieten?   b. vermeiden?   c. verbrauchen?   d. schützen?

2. Sollte man mehr Sammelstellen _____
   a. schaffen?   b. einführen?   c. lösen?   d. entwickeln?

3. Sollte man mehr Fußgängerzonen _____
   a. teilnehmen?   b. schaffen?   c. entwickeln?   d. fördern?

4. Sollte man überall Recycling _____
   a. einführen?   b. betreffen?   c. unterstützen?   d. fördern?

Streichen Sie jetzt das Substantiv aus, das den Satz **nicht** logisch ergänzt.

5. Man demonstriert gegen _____
   a. Arbeitslosigkeit.   b. Korruption.   c. Lösung.   d. Rassismus.

6. Man nimmt an _____ teil.
   a. Recyclingprogrammen   b. Arzneimitteln   c. Demonstrationen   d. dem politischen Leben

7. Man hält _____ für ein großes Problem.
   a. Armut   b. Drogensucht   c. Terrorismus   d. Fußgängerzonen

8. Man diskutiert heute über Probleme wie _____
   a. Extremismus.   b. Ausländerfeindlichkeit.   c. Meinung   d. Gewalttätigkeiten.

Aktivität 2   Was ist die Situation? Wie heißt das Problem?

A. Schreiben Sie die entsprechenden (*corresponding*) Substantive. Benutzen Sie Vokabeln aus dem Wortschatz in Ihrem Lehrbuch (*textbook*).

Die Situation	Das Problem
1. keine Arbeit haben	*die Arbeitslosigkeit*
2. ohne Geld leben müssen	
3. nichts zu essen haben	

4. Drogen brauchen _____

5. kein Dach über dem Kopf haben _____

6. gegen Ausländer sein _____

7. korrupt sein _____

8. Gewalt verwenden _____

9. die Umwelt verschmutzen _____

Und was für andere globale Situationen und Probleme gibt es heute?

10. Das Klima wandelt sich. _____

11. Es gibt Terroristen. _____

12. Es gibt Rassisten. _____

13. Es gibt Extremisten. _____

B. Um welches Problem machen Sie sich am meisten Sorgen? Warum?

_____

_____

_____

Thema 2

Umwelt

Aktivität 3   Umweltfreundlich oder umweltfeindlich?

Schreiben Sie die Substantive, die beschrieben sind, und markieren Sie dann Ihre Meinungen: Das Pluszeichen (+) heißt *gut für die Umwelt*; das Minuszeichen (−) heißt *schlecht für die Umwelt*; das Fragezeichen (?) bedeutet, *man weiß nicht: könnte umweltfreundlich oder umweltfeindlich sein.*

1. Diese Flasche wirft man weg.

   _____   +   −   ?

2. An diese Stelle bringt man leere Flaschen und Dosen.

   _____   +   −   ?

3. Diese Zone ist nur für Fußgänger; alle Motorfahrzeuge (*motor vehicles*) sind hier verboten.

   _____   +   −   ?

4. Dieses Gerät verwendet man im Haushalt.

   _____   +   −   ?

5. Diese Verschmutzung findet man in der Umwelt.

   _____   +   −   ?

6. Das ist eine Dose, die ein Getränk enthält.

   _____   +   −   ?

7. Das ist ein Rad, das Strom aus Wind produziert.

   _____ + − ?

8. Das ist Material zum Verpacken und Transportieren.

   _____ + − ?

Aktivität 4   Wie können wir die Umwelt schützen?

Vervollständigen Sie die Fragen mit passenden Verben.

engagieren	schützen	vermindern
halten	teilnehmen	vorziehen
kaufen	unterbrechen	wählen

1. Wie kann ich an Recycling _____?

2. Soll ich Dosen oder Wegwerfflaschen _____?

3. _____ Sie Plastiktüten für umweltfreundlich?

4. Welche Politiker und Politikerinnen sollten wir _____, um die

   Umwelt zu _____?

5. Wie können wir alle den alltäglichen Abfall _____?

6. Wie kann ich mich für die Umwelt _____?

Aktivität 5   Ein Leserbrief

Lesen Sie den Leserbrief und die Antwort darauf, und schreiben Sie dann mit eigenen Worten eine vollständige Antwort auf jede Frage.

Liebe BLITZ-Redaktion!
Ich lese sehr gern den BLITZ, würde ihn mir aber in einer umweltfreundlicheren "Verpackung" sprich recycletem Papier wünschen. Ich glaube, die Leser würden das akzeptieren.
V. Wiegleb, Liebertwolkwitz

Leider haben wir noch keine akzeptable Alternative gefunden, aber wir geben die Hoffnung noch nicht auf.

Der Leser schreibt, ...

1. Was liest der Leser gern?

   _____

2. Was für Verpackung wünscht sich der Leser?

   _____

   _____

3. Was glaubt der Leser?

_____

_____

... und die Redaktion (*editorial staff*) antwortet auf seinen Brief.

4. Was hat die Redaktion noch nicht gefunden?

_____

_____

Aktivität 6 Meinungen

Schreiben Sie jeden Satz oder Ausdruck auf Deutsch.

1. *Public transportation? I'm in favor of it.*

_____

_____

2. *Environmental pollution? I'm against it.*

_____

_____

3. *Environmentally friendly packaging? How can that be?*

_____

_____

4. *Clean trash? Nonsense!*

_____

_____

5. *In my opinion we need more recycling centers.*

_____

_____

6. *I'm of the opinion that everything is possible.*

_____

_____

Wortraum

A. Wählen Sie ein globales Problem und schreiben Sie mindestens zehn Stichworte (*keywords*) dazu.

B. Beschreiben Sie kurz das Problem und schlagen Sie eine Lösung vor. Schreiben Sie vollständige Sätze.

_____

_____

_____

_____

Grammatik im Kontext

The Passive Voice
Formation of the Passive Voice

Übung 1 „Jeopardy"

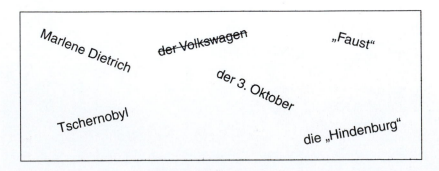

Marlene Dietrich   der Volkswagen   „Faust"

der 3. Oktober

Tschernobyl

die „Hindenburg"

Ergänzen Sie die Sätze mit der Passivform des Verbs in Klammern. Bilden Sie dann eine Frage, die durch diesen Satz beantwortet wird.

BEISPIEL: Dieses deutsche Auto *wurde* _____ zuerst in

den 30er Jahren *hergestellt* _____. (herstellen)

Frage: *Was ist der Volkswagen?* _____

1. Die Rolle von Lola Lola in dem Film *Der blaue Engel* _____ von

   dieser Schauspielerin _____. (spielen)

   Frage: _____

2. Dieses deutsche Passagierluftschiff _____ durch eine Explosion bei

   der Landung auf dem Flughafen von Lakehurst _____. (zerstören [*to destroy*])

   Frage: _____

3. An diesem Tag _____ in ganz Deutschland die Vereinigung der zwei

   deutschen Staaten _____. (feiern)

   Frage: _____

4. Diese Stadt in der Ukraine _____ durch eine Explosion in einem

   Atomreaktor _____. (kontaminieren)

   Frage: _____

5. Dieses Drama _____ von Johann Wolfgang von Goethe

   _____. (schreiben)

   Frage: _____

Übung 2   Kennen Sie diese berühmten Menschen?

Schreiben Sie die Antworten im Passiv.

Walter Gropius   Angela Merkel   Sigmund Freud
Marlene Dietrich   Carl Orff   Ingeborg Bachmann
Rainer Werner Fassbinder   Alois Alzheimer   Wernher von Braun
Käthe Kollwitz   Ferdinand Porsche   Günter Grass

BEISPIEL: Wer komponierte das musikalische Werk „Carmina Burana"? →
Dieses Werk wurde von Carl Orff komponiert.

1. Wer entwickelte die Idee der Psychoanalyse?

_____

2. Wer etablierte die Sportwagenfirma Porsche?

_____

3. Wer machte den Film *Lili Marleen*?

_____

4. Wer schrieb den Roman *Malina*?

_____

5. Wer gründete den Architekturstil Bauhaus?

_____

6. Wer entwickelte die erste Raumrakete?

_____

7. Wer schrieb die Novelle *Katz und Maus*?

_____

8. Wer schaffte Bilder von Armut, Hunger und Krieg?

_____

9. Wer gewann die Wahl, um die erste Bundeskanzlerin Deutschlands zu werden?

_____

10. Wer forschte über die Alzheimerkrankheit?

_____

Expressing the Agent

Übung 3   Eine Vorschau von „Tatort"

Lesen Sie den Text durch. Schreiben Sie dann jede Frage im Aktiv neu. Schreiben Sie auch eine Antwort in Stichwörtern, wenn es eine Antwort gibt.

> BEISPIEL: Von wem wird die Rolle des Hauptkommissars gespielt? →
> Wer spielt die Rolle des Hauptkommissars?
> Antwort: Robert Atzorn.

Tatort: Undercover

Sonntag, 20.15 Uhr, ARD

Ein Drogenfahnder[1] verliert in den Wirren[2] der Ermittlung[3] mit undercover arbeitenden Polizeispitzeln den Überblick.[4] Wer ist Freund, wer ist Feind?[5] Thomas Bohn (Buch und Regie) erzählt trotz eines komplizierten Plots eine gut verstehbare Geschichte. Erst die Mordkommission des „Tatort"-Teams aus Hamburg mit Hauptkommissar Jan Casstorff (Robert Atzorn) an der Spitze bringt Klarheit in die Machenschaften[6] eines russischen Drogenrings und des verdeckten Fahndungsspiels[7] der zentralen Dienste.[8] Die Regie lässt sowohl Atzorn als auch seinen Mitspielern Tilo Prückner, Nina Petri und Fjodor Olev – er spielt den schwarzgelockten Sohn des Kommissars – genügend Zeit, ihre Eigenarten auszuspielen. Und eine weise Lehre gibt es in dem spannenden Krimi obendrein: Wahre Vaterschaft ist keine Frage der Gene.

Atzorn

THORSTEN JANDER / NDR

[1]*narcotics investigator*
[2]*turmoil*
[3]*investigation*
[4]*overview*
[5]*enemy*
[6]*wheelings and dealings*
[7]*search operations*
[8]*services*

1. Von wem werden die Fragen „Wer ist Freund?" und „Wer ist Feind?" gestellt?

   _____

   _____

2. Von wem wird die Geschichte erzählt?

   _____

   Antwort: _____

3. Von wem wurde das Buch geschrieben?

   _____

   Antwort: _____

4. Wie wird Klarheit in die Machenschaften des russischen Drogenrings gebracht? (*Use* man *as the subject.*)

_____

_____

5. Von wem wird die Rolle des schwarzgelockten (schwarzhaarigen) Sohnes des Kommissars gespielt?

_____

_____

Antwort: _____

Expressing a General Activity

Übung 4   Ein großes Sommerfest

Was passiert? Schreiben Sie Sätze im Passiv.

> BEISPIEL: im Rheinhotel Dreesen / am Samstagabend / tanzen →
> Im Rheinhotel Dreesen wird am Samstagabend getanzt.

1. hier / ein großes Sommerfest / feiern

   _____

2. Musik zum Tanzen / spielen

   _____

3. die Musik vom Tanzorchester „Lex van Wel" / hören

   _____

4. hier / singen und lachen

   _____

5. hier / Bier und Wein / trinken

   _____

The Passive with Modal Verbs

Übung 5 Hier darf nicht mehr geraucht werden.

DER QUALM[1] VERZIEHT SICH[2]

Wo in Europa nicht mehr geraucht werden darf

>**England:** ab Sommer 2007 in Restaurants, Pubs und Klubs

>**Frankreich:** in Zügen und in öffentlichen Verkehrsmitteln (Strafe[3] 45 Euro)

>**Irland:** in Restaurants und Pubs und in öffentlichen Verkehrsmitteln (Strafe bis zu 3000 Euro)

>**Italien:** in Cafés und Restaurants (Strafe bis zu 275 Euro). Ausnahme:[4] Lokale, die gesonderte Räume mit eigener Lüftung[5] haben

>**Lettland:** Ab Juli darf in Restaurants, Bars und Discotheken nur noch in abgetrennten[6] Räumen geraucht werden

>**Malta:** in allen öffentlichen Einrichtungen[7] sowie in Restaurants, Discos und Bars – außer an eigens ausgewiesenen[8] Plätzen

>**Mazedonien:** in allen öffentlichen Gebäuden sowie in Gaststätten (Strafe bis zu 250 Euro), außer in Räumen, in denen weder Speisen noch[9] Getränke angeboten werden

>**Norwegen:** in Restaurants, Bars und öffentlichen Verkehrsmitteln (Strafe nicht für Gäste, sondern für Gastronomen)

>**Österreich:** in öffentlichen Gebäuden und auf Bahnhöfen (keine Strafe). In größeren Stationen gibt es ausgewiesene Raucherbereiche

>**Schottland:** ab April in Restaurants, Pubs und Klubs

>**Schweden:** in geschlossenen Räumen, in denen Getränke und Speisen serviert werden. Wer raucht, wird aufgefordert,[10] das Lokal zu verlassen[11]

>**Schweiz:** in Zügen und auf allen Bahnhöfen (Strafe 16 Euro)

>**Spanien:** In Restaurants, die größer als 100 Quadratmeter sind, darf nur in separaten Zonen geraucht werden. In kleineren Lokalen bestimmt der Besitzer, ob die Gäste rauchen dürfen

>**Ungarn:** in allen öffentlichen Einrichtungen

[1] smoke
[2] verzieht ... is clearing
[3] fine
[4] exception
[5] ventilation
[6] separate
[7] establishments
[8] eigens ... specially designated
[9] weder ... noch neither . . . nor
[10] asked
[11] leave

Lesen Sie den Text und schreiben Sie kurze Antworten auf die Fragen.

BEISPIEL: Wo darf in Lettland geraucht werden? →

in Restaurants, Bars und Discotheken nur noch in abgetrennten Räumen

1. In was für Räumen darf in Mazedonien geraucht werden?

_____

2. Wo darf in Schweden nicht mehr geraucht werden?

_____

3. Was passiert, wenn man in Lokalen in Schweden raucht?

_____

4. Wo darf man in Spanien noch rauchen?

_____

5. Wer bestimmt (*determines*) in kleineren Lokalen in Spanien, ob die Gäste rauchen dürfen?

_____

6. Wo darf in Zügen nicht mehr geraucht werden?

_____

7. Wo muss die höchste Strafe bezahlt werden? Wie hoch ist diese Strafe?

_____

8. Wo müssen auch Gastronomen (Restaurateure) die Strafe bezahlen, wenn Gäste rauchen?

_____

9. Wie ist es, wo Sie wohnen? Wo darf nicht geraucht werden?

_____

Use of **man** as an Alternative to the Passive

Übung 6   Wie feiert man im Rheinhotel Dreesen?

Schreiben Sie die Sätze in Übung 4 im Aktiv.

BEISPIEL: Im Rheinhotel Dreesen wird am Samstagabend getanzt. →
Im Rheinhotel Dreesen tanzt man am Samstagabend.

1. _____
2. _____
3. _____
4. _____
5. _____

Übung 7   Wie kann man Umweltschutz praktizieren?

Lesen Sie die Anzeige, die Hinweise (Tipps) für Umweltschutz gibt. Schreiben Sie dann jeden Satz neu im Aktiv mit **man** als Subjekt.

KRONE

Praktischer Umweltschutz!

In unseren Anzeigen bringen wir immer wieder Vorschläge, wie Sie durch gezielten Einkauf täglich Umweltschutz praktizieren können. Wir weisen auf umweltfreundlich hergestellte Artikel hin, deren Inhaltstoffe biologisch abbaubar sind, die wenig Abfall produzieren und die die Natur so wenig wie möglich belasten. Achten Sie auf Verpackungen und meiden Sie Waren, die in überflüssigem Plastik verpackt sind. Wir von KRONE versuchen, umweltfreundliche Produkte so günstig wie möglich anzubieten. Lassen Sie sich überzeugen. Also, bis bald in Ihrem KRONE!

1. Vorschläge für Umweltschutz können in Anzeigen gegeben werden.

   _____

   _____

2. Umweltschutz kann durch gezielten (*well-directed*) Einkauf praktiziert werden.

   _____

   _____

3. Umweltfreundliche Produkte können produziert werden, deren Inhaltstoffe (*contents*) biologisch abbaubar (*degradable*) sind.

   _____

   _____

4. Produkte können produziert werden, die wenig Abfall produzieren und die die Natur so wenig wie möglich belasten (*pollute*).

_____

_____

_____

5. Auf Verpackung kann geachtet werden.

_____

6. Waren, die in überflüssigem Plastik verpackt sind, können vermieden werden.

_____

_____

7. Umweltfreundliche Produkte können günstig angeboten werden.

_____

_____

Extra: Was ist Krone?
    a. Eine Hotelkette.   b. Eine Supermarktkette.   c. Eine Kaufhauskette.

The Present Participle

Übung 8 Achtung, Uhren umstellen!

Ergänzen Sie die Sätze mit dem Partizip Präsens als Adjektiv.

    BEISPIEL: Schauen Sie sich das _folgende_____ Bild an. (folgen)

In der Nacht zum Sonntag...
...Uhr
1 Stunde
vorstellen

1. In dieser Nacht denken die Menschen nicht an die _____

    Umweltverschmutzung und auch nicht an die sich _____ Korruption in

    der Weltpolitik. (zunehmen, verbreiten)

2. Sie träumen vom _____ Sommer. (kommen)

3. Sie haben schon viel für die _____ Sommerzeit geplant. (beginnen)

4. Der _____ Hund liegt unter dem Bett. (schlafen)

5. Er hört die _____ Katzen nicht. (jaulen)

6. Er träumt vom _____ Tag und von den _____

    Nachbarskindern, mit denen er gern spielt. (folgen, lachen)

Sprache im Kontext

Lesen

A. Lesen Sie den Titel und den ersten Absatz des folgenden Textes. Spekulieren Sie: Was ist vom Klimawandel in Deutschland zu erwarten? Kreuzen Sie an.

☐ heißere Sommer   ☐ stärkere Stürme

☐ kühlere Sommer   ☐ mehr Regen im Norden

☐ kältere Winter   ☐ mehr Schnee im Süden

☐ mildere Winter   ☐ weniger Regen und Schnee

B. Lesen Sie jetzt den ganzen Text auf der nächsten Seite durch, und füllen Sie dann die Tabelle aus.

Wetter:	
Felder:	
Küstenregionen:	
Süddeutschland:	
Touristik:	
Industrie:	

C. Was ist Ihrer Meinung nach von dem Klimawandel in Ihrer Gegend (*area*) zu erwarten? Spekulieren Sie.

_____

_____

_____

Klimawandel in Deutschland

Oft wird in Bezug auf[1] den Klimawandel das Abschmelzen der Polkappen oder auch wochenlange Dürreperioden[2] genannt. Aber was davon ist auch in Deutschland zu erwarten?

Viele in Deutschland denken bei einer globalen Erwärmung wohl auch an laue[3] Sommernächte oder endlich keinen nervigen Schnee mehr. So wird es leider nicht sein.

Der Klimawandel wird die Temperaturunterschiede[4] in Deutschland stark erhöhen. So wird es immer heißere Sommer geben. Dies wird auf Dauer[5] Missernten,[6] Dürreperioden und das Austrocknen[7] der Felder[8] zur Folge haben.

Ein ganz anderes Problem haben die Küstenregionen.[9] Durch das Abschmelzen der Polkappen steigt der Meeresspiegel.[10] Dies wird noch unterstützt durch die erhöhten Temperaturen. Denn eine höhere Wassertemperatur bedeutet, dass dieses sich ausdehnt,[11] also ein größeres Volumen hat. So wird der Meeresspiegel um einiges[12] steigen.

Die eigentliche Gefahr hieran sind wohl die entstehenden Sturmfluten.[13] Durch die größeren Temperaturunterschiede werden immer stärkere Winde und Stürme entstehen. Diese Stürme führen zu höherem Wellengang.[14] So können leichter Sturmfluten und dergleichen[15] entstehen.

So müssen wohl alle Dämme an Nord- und Ostsee vergrößert und verstärkt werden. Ob die Touristenzahlen an Nord- und Ostsee deshalb einbrechen[16] bleibt noch abzuwarten.[17]

Ein weitaus größeres Problem bezüglich der Touristenzahlen wird wohl der Süden Deutschlands mit dem Klimawandel haben. Speziell Skiliftbetreiber[18] werden mit starken finanziellen Einbußen[19] zu kämpfen[20] haben. Anfangs wird es nur die kleineren Lifte in den niedrigen Lagen betreffen, später jedoch auch die Skliliftbetreiber in den großen Gebirgen.[21] Denn durch die höheren Temperaturen wird die Zeit, in denen die Skilifte mit Schnee versorgt sind, immer kürzer.

Um nun auch noch auf die deutsche Industrie zu sprechen zu kommen. Diese wird wohl am wenigsten mit dem Klimawandel zu kämpfen haben. Natürlich wird die Umstellung auf alternative Energien nicht einfach, ist dieser Schritt jedoch erst einmal gemacht, sind wohl die größten Probleme gelöst.

[1]*with regard to*
[2]*dry periods*
[3]*mild*
[4]*differences in temperature*
[5]*auf ... in the long run*
[6]*crop failures*
[7]*drying out*
[8]*fields*
[9]*coastal regions*
[10]*sea level*
[11]sich ... *expands*
[12]*um ... here: even more*
[13]entstehenden ... *resulting storm tides*
[14]*(sea) swells*
[15]*the like*
[16]*will collapse*
[17]bleibt ... *only time will tell*
[18]*ski lift operators*
[19]*losses*
[20]*fight, deal with*
[21]*mountain ranges*

Note: Source for the preceding copyrighted predictions is www.klimainfo.net. More information and regular updates are available at this and numerous other sites online.

D. Was sagt die österreichische Umweltschultzorganisation GLOBAL 2000 über Klimawandel? Lesen Sie den folgenden Text, und schreiben Sie dann eine kurze Antwort auf jede Frage.

1. Wer wird jetzt vom steigenden Meerespiegel bedroht?

   _____

2. Wie findet der Klimawandel schon in Österreich statt?

   a. _____

   b. _____

3. Was ist das Ziel der SOS-Klima Kampagne?

   _____

4. Welches Resultat sollte dieses Gesetz haben?

   _____

Wenn die Pole schmelzen,[1] gehen wir unter.[2]   [1]*melt*
[2]gehen unter *sink; perish*

Klimawandel ist traurige Realität!

Der steigende Meeresspiegel bedroht[1] bereits jetzt die Lebensgrundlage[2] der Inselbewohner/innen im Südpazifik. Die Kampagne „ SOS-Klima" wurde im Frühjahr 2008 von GLOBAL 2000 ins Leben gerufen. Denn Klimawandel findet statt. Auch in Österreich. Die Treibhausgas-emissionen[3] steigen trotz Kyotoprotokoll weiterhin und dadurch hat sich die Temperatur im Alpenraum bereits um 1,8° C erhöht. Das Ziel[4] unserer Kampagne ist ein Klimaschutzgesetz für Österreich. Damit die Emissionen in Österreich überprüfbar sinken – Jahr für Jahr!

[1]*threatens*
[2]*livelihood*
[3]*greenhouse gas emissions*
[4]*goal*

E. Stellen Sie sich vor: Wie sieht die Südhalbkugel des Planeten heute vom Weltraum (*outer space*) aus? Wie würden Sie das Bild darstellen? Zeichnen Sie Ihre eigene Version der heutigen oder zukünftigen Lage. Schreiben Sie auch einen Slogan dazu.

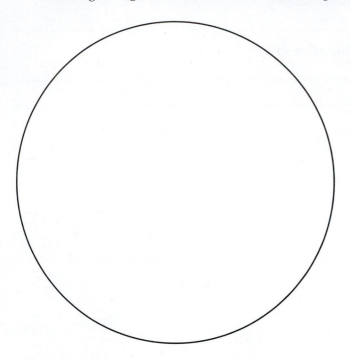

Na klar!

Schreiben Sie eine kurze Beschreibung dieses Fotos als Bildunterschrift (*caption*). Spekulieren Sie nicht. Schreiben Sie nur darüber, was Sie auf dem Foto sehen.

_____

_____

_____

_____

_____

Journal

 Wählen Sie eins der folgenden Themen.

Thema 1: Das größte Weltproblem. Was ist Ihrer Meinung nach das größte Problem der heutigen Welt? Wovor haben Sie die größte Angst, wenn Sie an die Zukunft (*future*) denken? Was könnte/ sollte/müsste man machen, um dieses Problem zu vermeiden oder zu vermindern? Was könnte/ sollte/müsste die Regierung tun? Was könnte/sollte/müsste jeder Mensch tun? Was können Sie selbst ab heute machen?

Thema 2: Ein persönliches Problem und Ihre persönliche Meinung. Es gibt immer große Probleme in der Welt. Aber jeder Mensch hat auch seine eigenen Probleme, die ihm oft sehr groß erscheinen. Auf Englisch sagt man: "*. . . is a pet peeve of mine.*" Auf Deutsch sagt man: „… ist mir ein Dorn (*thorn*) im Auge." Was ist Ihnen „ein Dorn im Auge"? Beschreiben Sie das Problem, und äußern (*express*) Sie Ihre Meinung darüber.

Thema 3: Viele Fragen, wenige Antworten. An welche Probleme denken Sie am öftesten? Welche Fragen kommen Ihnen in den Sinn, wenn Sie an jedes Problem denken? Alle Fragen haben Wert. Schreiben Sie alle Fragen auf, an die Sie denken. Wenn Sie eine Antwort oder eine Lösung haben, schreiben Sie sie auch auf.

Answer Key

Answers are included only for activities and exercises that have one expected answer. Sometimes your answers may still differ somewhat from those in this answer key. For example, your answer may contain a noun subject, whereas the printed answer contains a pronoun subject or vice versa; or, at times, your answer might include a synonym for a word or phrase in the printed answer. This does not mean that your answer is wrong but rather that there are different ways of stating it. When variations in expressions can be anticipated, they are included in parentheses within the answer key, or a note regarding the possibilities is provided.

Einführung

Aktivität 1 6.

Aktivität 2 HERR LANG: Hallo! <u>Mein</u> Name ist Peter Lang. <u>Wie</u> ist Ihr Name bitte? FRAU WALL: Guten Tag, Herr Lang. Ich <u>heiße</u> (*oder:* <u>bin</u>) Carolyn Wall. HERR LANG: <u>Freut</u> mich, Frau Wall. Und <u>woher</u> kommen Sie? FRAU WALL: Ich <u>komme</u> (*oder:* <u>bin</u>) aus Chicago. HERR LANG: Ah ja, Chicago … Und Sie? Wie <u>heißen</u> Sie, bitte? HERR GRAY: Ich heiße Jonathan Gray, und ich komme aus Vancouver. HERR LANG: Nun, herzlich <u>willkommen</u> in Deutschland.

Aktivität 3 A: Guten Abend! B: Grüß dich! C: Danke schön! D: Bitte sehr! E: Ich heiße Eva. F: Freut mich! G: Auf Wiedersehen! H: Tschüss!

Aktivität 4 *Some answers may vary slightly. Possible answers:* 1. Wie geht's? (*oder:* Na, wie geht's? *oder:* Wie geht es dir? *oder:* Wie geht's dir?) 2. Gute Nacht! 3. Grüß Gott! 4. Guten Tag! 5. Guten Morgen! 6. Danke! (*oder:* Danke schön! *oder:* Danke sehr!) 7. Bitte! (*oder:* Bitte schön! *oder:* Bitte sehr!) 8. Hallo!

Aktivität 5 *Answers will vary. Possible answers:* B: Sehr gut! C: Gut! D: So lala! E: Nicht besonders gut. F: Schlecht.

Aktivität 6 null, acht, acht, sechs, eins, neun, siebenunddreißig, sechsundachtzig; zwei

Aktivität 7 1. siebzehn 2. sechzehn 3. neunzehn 4. dreizehn

Aktivität 8 FANS: <u>Zwanzig</u>, neunzehn, <u>achtzehn</u>, siebzehn, sechzehn, <u>fünfzehn</u>, <u>vierzehn</u>, dreizehn, <u>zwölf</u>, <u>elf</u>, <u>zehn</u>, neun, acht, <u>sieben</u>, <u>sechs</u>, fünf, vier, drei, <u>zwei</u>, eins, null!

Aktivität 9 1. dreiundzwanzig / zweiunddreißig 2. neunundfünfzig / fünfundneunzig 3. siebenundsechzig / sechsundsiebzig 4. vierundachtzig / achtundvierzig

Aktivität 10 1. 172 2. 385 3. 599 4. 2 706 5. zweihunderteins 6. vierhundertsechsundvierzig 7. sechshundertsiebenundvierzig 8. neuntausendsechshunderteinundsechzig

Aktivität 11 Herrn / Georg Schuster / Poststraße 20 / 69115 Heidelberg

Aktivität 12 1. Sommersprachkurse 2. a. Englisch b. Französisch 3. Mathematik 4. Tennis *oder* Wasserski fahren *oder* Reiten 5. b. Straße c. Hausnummer *oder:* Adresse d. Postleitzahl e. Stadt f. Telefonnummer

Aktivität 13 1. Dänemark 2. Deutschland, Österreich, Liechtenstein, die Schweiz, Luxemburg, Belgien 3. Frankreich (die Schweiz, Belgien, …) 4. Polen 5. Tschechien

Aktivität 14 1. Frankreich 2. Deutschland 3. Dänemark 4. Liechtenstein 5. Polen 6. die Schweiz 7. Tschechien (*oder:* [die] tschechische Republik) 8. Österreich

Aktivität 16 *Answers will vary. Possible answers:* STEFAN: Ich habe eine Frage. ANNA: Wie sagt man „interesting" auf Deutsch? BRIGITTE: Ich verstehe das nicht. (*oder:* Das weiß ich nicht.) THOMAS: Haben wir Hausaufgaben? (*oder:* Was bedeutet „Hausaufgaben"?) PETER: Alles klar. KARIN: Wiederholen Sie, bitte. (*oder:* Noch einmal, bitte. *oder:* Wie bitte? *oder:* Etwas langsamer, bitte.)

Kapitel 1

Wörter im Kontext   Aktivität 1   Hallo! Ich <u>heiße</u> Martin Thomas. Martin ist mein <u>Vorname</u>, und Thomas ist mein <u>Nachname</u>. Ich bin <u>Hochschullehrer</u> von Beruf. Ich <u>arbeite</u> an der Freien Universität. Meine Frau ist Architektin von <u>Beruf</u>. Ich bin in Hamburg <u>geboren</u>, <u>aber</u> meine Frau und ich <u>wohnen</u> jetzt in Berlin. Wir finden alles hier sehr interessant.

Aktivität 2   Vorname: Renate **Nachname:** Menzel **Geburtsort:** Linz **Wohnort:** Wien **Alter:** 26 **Beruf:** Studentin **Hobby:** Tanzen

Aktivität 3   Wie <u>heißen</u> Sie, bitte? Woher <u>kommen</u> Sie? Was <u>machen</u> Sie in Berlin? Wie <u>finden</u> Sie die Stadt? Wie lange <u>bleiben</u> Sie in Deutschland? Was <u>sind</u> Sie von Beruf? Was <u>studieren</u> Sie denn an der Uni? <u>Surfen</u> Sie gern im Internet? <u>Lernen</u> Sie Deutsch am Sprachinstitut?

Aktivität 4   1. fleißig   2. praktisch   3. unsympathisch   4. unfreundlich   5. konservativ   6. interessant

Aktivität 5   A.   1. unpraktisch   2. ruhig   3. chaotisch   4. langweilig   5. indiskret   6. intolerant   7. uninteressant   8. faul

Aktivität 6   1. Kochen macht Spaß.   2. Reisen macht Spaß.   3. Wandern macht Spaß.   4. Tanzen macht Spaß.   5. Karten spielen macht Spaß. *oder:* Kartenspiele machen Spaß.

Grammatik im Kontext   Übung 1   1. die   2. der   3. die   4. der   5. die   6. die   7. das   8. das   9. das   10. die   11. der   12. der

Übung 2   A: die   B: sie   C: der   D: Er / Die   E: die   F: sie / Der   G: der   H: Er   I: die   J: sie

Übung 3   A: das   B: es   C: die   D: sie   E: der   F: er   G: die   H: sie   I: die   J: sie

Übung 4   1. heißt   2. ist   3. arbeitet   4. kommt   5. wohnt   6. findet   7. Schickt   8. Wandert   9. Lernt   10. Reist

Übung 5   SOFIE: Mein Name <u>ist</u> Sofie. <u>Bist</u> du Peter? PETER: Ja, und das <u>sind</u> Alex und Andreas. Alex <u>ist</u> Amerikaner, und Andreas <u>ist</u> Österreicher. SOFIE: <u>Seid</u> ihr alle neu in Freiburg? ANDREAS: Alex und ich <u>sind</u> neu hier. Peter, <u>bist</u> du auch neu hier? PETER: Nein, ich <u>bin</u> schon ein Jahr in Freiburg. SOFIE: Wie findest du Freiburg, Peter? PETER: Das Land und die Stadt <u>sind</u> faszinierend. Die Uni <u>ist</u> auch wirklich interessant. SOFIE: Woher kommst du denn? PETER: Ich komme aus Liverpool. Ich <u>bin</u> Engländer.

Übung 6   B: Morgen fahren wir nach Kiel.   D: Heute Abend gehen wir tanzen.   F: Nächstes Jahr besuche ich Wien.   H: Heute kommt er.   J: Jetzt spielen sie Karten.

Übung 7   1. Wie heißt du?   2. Woher kommst du?   3. Wie alt bist du?   4. Bist du Studentin?   5. Was studierst du?   6. Wie heißt du?   7. Wo wohnst du jetzt?   8. Wie findest du die Stadt?   9. Was bist du von Beruf?   10. Reist du oft?

Übung 8   1. Sie heißt Monika.   2. Sie kommt aus Düsseldorf.   3. Sie ist dreiundzwanzig Jahre alt.   4. Ja, sie ist Studentin.   5. Sie studiert Chemie.   6. Er heißt Robert.   7. Er wohnt jetzt in Dresden.   8. Er findet die Stadt echt interessant.   9. Er ist Webdesigner von Beruf.   10. Nein, er reist nicht oft.

Sprache im Kontext   Lesen   A. 1. c   2. b   B. 1. Dr. Kim Meyer-Cech   2. Universität für Bodenkultur Wien   3. Yogalehrerin (*oder:* Diplom-Ingenieurin)   4. Der Standard   E. a. Sie heißt Dr. Kim Meyer-Cech.   b. *Answers will vary.*   c. Sie ist Yogalehrerin von Beruf.   d. *Answers will vary.*   e. *Answers will vary.*

Kapitel 2

Alles klar? 1. c 2. d 3. b 4. a, d

Wörter im Kontext   Aktivität 1 möbliert / hell / groß / niedrig / billig / bequem

Aktivität 2 1. das Schlafzimmer 2. die Küche 3. das Esszimmer 4. das Arbeitszimmer 5. das Bad (*oder:* das Badezimmer) 6. die Terrasse 7. der Garten 8. die Garage

Aktivität 3

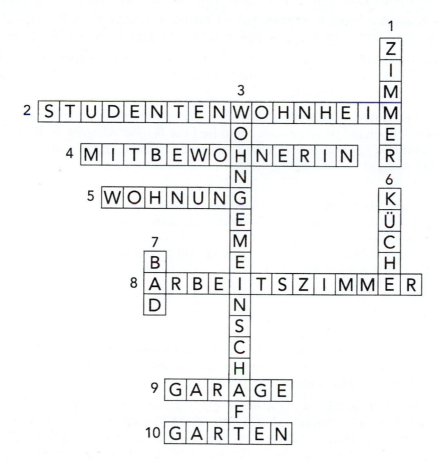

Aktivität 4 1. Der Sessel 2. Der Stuhl 3. Der Fernseher 4. Das Bett 5. Das Bücherregal 6. Die Lampe 7. Der Wecker 8. Das Radio 9. Der Tisch

Aktivität 5 1. das Poster 2. das Bücherregal 3. der Schreibtisch 4. der Computer 5. das Telefon 6. der DVD-Spieler 7. die Stereoanlage 8. der CD-Spieler 9. der Teppich 10. die Zimmerpflanze

Aktivität 6 *Answers will vary. Possible answers:* 1. Zeitung <u>lesen</u> 2. Toast mit Butter <u>essen</u> 3. Kaffee <u>trinken</u> 4. Fahrrad <u>fahren</u> 5. im Büro <u>arbeiten</u> 6. Briefe <u>schreiben</u> 7. im Park <u>laufen</u> 8. Spaghetti <u>kochen</u> 9. Radio <u>hören</u> 10. ins Bett <u>gehen</u> 11. <u>schlafen</u>

Grammatik im Kontext   Übung 1 1. Wir haben Durst. 2. Ihr habt Geld. 3. Claudia hat Uwe gern. 4. Ich habe keine Lust. 5. Du hast recht. 6. Der Verkäufer hat Zeit.

Übung 2 1. V: Hier ist ein Kleiderschrank. Brauchen Sie einen Kleiderschrank? K: Nein. Einen Kleiderschrank habe ich schon. 2. V: Hier ist eine Lampe. Brauchen Sie eine Lampe? K: Nein. Eine Lampe habe ich schon. 3. V: Hier ist ein Wecker. Brauchen Sie einen Wecker? K: Nein. Einen Wecker habe ich schon. 4. V: Hier ist ein Nachttisch. Brauchen Sie einen Nachttisch? K: Nein. Einen Nachttisch habe ich schon. 5. V: Hier ist eine Kommode. Brauchen Sie eine Kommode? K: Nein. Eine Kommode habe ich schon. 6. V: Hier ist ein Bett. Brauchen Sie ein Bett? K: Nein. Ein Bett habe ich schon.

Übung 3 1. der 2. die 3. das 4. der 5. das / den / die 6. den / die / die 7. den / das / die 8. die / die

Übung 4 C: Ist Herr Siegfried hier? D: Nein. Ich sehe Herrn Siegfried nicht. E: Der Student heißt Konrad. F: Wie ist sein Name bitte? G: Im Museum sehen wir einen Menschen aus der Steinzeit. H: Wie, bitte? Woher kommt der Mensch? I: Besuchst du oft den Studenten aus Tokio? J: Ja. Ich besuche auch einen Studenten aus Hiroshima.

Übung 5 A: Dieser B: Welchen C: diesen D: Welchen E: Welchen F: diesen G: Dieser H: diesen I: Dieses, dieser, dieser J: diese K: Welche

Übung 6 1. Wir haben <u>kein</u> Bett, <u>keinen</u> Computer, <u>keine</u> Kommode, <u>keinen/keine</u> Sessel und <u>keine</u> Lampen. Wir brauchen <u>keinen</u> Couchtisch, <u>keinen</u> Teppich, <u>keine</u> Uhr, <u>kein</u> Radio und <u>keine</u> Regale.

Übung 7 1. Nein, sie ist nicht hoch. 2. Nein, es ist nicht groß. 3. Nein, ich brauche keinen Sessel. 4. Nein, ich habe keinen Schreibtisch. 5. Nein, ich habe keine Stühle. 6. Nein, ich finde das Zimmer nicht schön. 7. Nein, ich suche keine Wohnung.

Übung 8 Herr Reiner aus Hannover <u>fährt</u> nach Berlin. Er <u>wohnt</u> in einem eleganten Hotel und <u>schläft</u> in einem bequemen Bett. Heute <u>trinkt</u> er Kaffee und <u>liest</u> die *Berliner Morgenpost*. Dann <u>findet</u> er einen Park und läuft. Übrigens <u>hat</u> Herr Reiner manchmal Hunger. Dann <u>geht</u> er ins Restaurant i-Punkt zum Brunch-Buffet und <u>isst</u> Berliner Spezialitäten. Das Restaurant i-Punkt <u>ist</u> ganz oben in der 20. Etage im Europa-Center.

Übung 9 1. F: Sind Jonas und Steffi nett: A: Ja, sie sind nett. 2. F: Wohnt Steffi in Kiel? A: Nein, sie wohnt in Leutzsch (*oder:* Leipzig). 3. F: Fährt Steffi gern Fahrrad? A: nicht genug Information 4. F: Liest Jonas etwas? A: Ja, er liest etwas. 5. F: Läuft Jonas gern? A: nicht genug Information 6. F: Findet Jonas Politik interessant? A: Ja, er findet Politik interessant. 7. F: Isst Jonas gern Pizza? A: nicht genug Information 8. F: Schläft Steffi lange? A: nicht genug Information

Übung 10 A. 1. die Herren 2. die Frauen 3. die Männer 4. die Kunden 5. die Freunde 6. die Mitbewohnerinnen 7. die Studenten 8. die Amerikaner 9. die Kundinnen 10. die Verkäufer 11. die Mütter 12. die Väter 13. die Jungen

Übung 11 1. Die Studentinnen brauchen Wohnungen. 2. Die Frauen lesen Bücher. 3. Die Verkäufer suchen Hotelzimmer in Köln. 4. Die Amerikanerinnen suchen Mitbewohnerinnen. 5. Die Kunden brauchen Häuser. 6. Die Mieten in Deutschland sind hoch.

Sprache im Kontext Lesen A. 1. ja, 2 bis 4 2. nein 3. nein 4. nein 5. nein 6. ja, von 13. Juli bis 13. August 7. ja, von 13. Juli bis 13. August (*oder:* 31 Tage *oder:* 1 Monat) 8. ja, Dozentinnen und Künstlerinnen (*oder:* Dozenten/Dozentinnen und Künstler/Künstlerinnen) 9. ja, 523 55 58 oder apartment@impulstanz.com (*oder:* Telefon oder E-Mail) 10. ja, 523 55 58 11. ja, apartment@impulstanz. com 12. nein B. Die Organisation ImPulsTanz <u>sucht</u> 2- bis 4- Zimmer <u>Wohnungen</u> für ihre Dozenten/ Dozentinnen und Künstler/Künstlerinnen. Sie brauchen die Wohnungen für einen Monat, vom <u>13. Juli</u> bis 13. August. Die <u>Telefonnummer</u> ist 523 55 58 und die E-Mail-<u>Adresse</u> ist apartment@impulstanz. com. C. *Some answers may vary. Possible answers:* 1. unwahrscheinlich 2. unwahrscheinlich 3. wahrscheinlich 4. wahrscheinlich 5. unwahrscheinlich 6. wahrscheinlich

Kapitel 3

Alles klar? *Some answers may vary. Possible answers:* 1. Bruder, Familie, Freunde, Mutter, Schwester, Sohn, Tochter, Vater 2. essen, grillen, sprechen, trinken 3. Garten zu Hause, Terrasse, Restaurant 4. Mai, Juni, Juli, August, September 5. Samstag / Sonnabend, Sonntag 6. Familienfest, Geburtstag, Muttertag, Hochzeit

Wörter im Kontext Aktivität 1 1. Vater 2. Töchter 3. Brüder 4. Opa 5. Großvater 6. Neffen 7. Tante

Aktivität 2 Montag / Dienstag / Mittwoch / Donnerstag / Freitag / Samstag / Sonntag

Aktivität 3 1. September/Oktober 2. Januar 3. Mai 4. Juli 5. Februar 6. Dezember 7. August 8. April/März 9. Juni 10. November 11. August/September

Aktivität 4 1. Heute ist der erste März. 2. Heute ist der sechste Mai. 3. Heute ist der siebte Juni. 4. Heute ist der neunzehnte Oktober. 5. Heute ist der zwanzigste Dezember.

Aktivität 5 1. Am vierzehnten Januar hat Nico Geburtstag. 2. Am zwanzigsten Februar hat Anna Geburtstag. 3. Am dritten August hat Jasmin Geburtstag. 4. Am dreißigsten September hat Nina Geburtstag. 5. Am fünfzehnten November hat Tim Geburtstag.

Aktivität 6 A. 1. Christopher 2. am 23.7.2011 (*oder:* 23. Juli 2011) 3. 51 cm 4. 3030 g 5. Sandra und Rolf Bajorat 6. Felix-Roeloffs-Straße 21, Bedburg-Hau 7. *Answer will vary.*

Aktivität 7 1. Familienfest 2. Geburtstag 3. Hochzeit 4. Muttertag 5. Valentinstag 6. Weihnachten/Ostern 7. Neujahr/Silvester 8. Fasching/Karneval

Aktivität 8 *Some answers will vary. Possible answers:* 1. Herzlichen Glückwunsch zum Geburtstag! 2. Viel Glück! (*oder:* Alles Gute!) 3. Danke. (*oder:* Danke schön. *oder:* Danke sehr.) 4. Viel Glück! 5. Viel Spaß! 6. Herzlichen Glückwunsch zum Valentinstag! 7. Wie geht's? (*oder:* Hallo, wie geht es dir? *oder:* Hallo, wie geht's? *oder:* Grüß dich. Wie geht es dir? *oder:* Grüß dich. Wie geht's?) 8. Herzlichen Glückwunsch zur Hochzeit! (*oder:* Alles Gute!)

Grammatik im Kontext Übung 1 Am Samstag feiert <u>meine</u> Oma Geburtstag. Sie wird schon 90 und ist noch sehr aktiv und engagiert. Donnerstags besucht sie gern <u>ihre</u> Freundinnen. Sie spielen Karten und trinken Tee. <u>Ihr</u> Mann, <u>mein</u> Opa, feiert im April <u>seinen</u> 91. Geburtstag. <u>Seine</u> Interessen sind Musik und Politik. Im Mai feiern <u>meine</u> Großeltern <u>ihren</u> 60. Hochzeitstag. Auch im Mai heiraten <u>mein</u> Bruder Alex und <u>seine</u> Freundin Anna. Im Juni feiern <u>meine</u> Schwester Sophia und <u>ihr</u> Mann <u>ihren</u> fünften Hochzeitstag. <u>Ihr</u> Baby, ein Sohn, kommt im Juli. Dieses Jahr hat <u>unsere</u> Familie viel zu feiern. <u>Meine</u> Eltern planen ein großes Familienfest.

Übung 2 1. Wir kennen euch nicht gut, und ihr kennt uns nicht gut. 2. Ich besuche dich manchmal, und du besuchst mich manchmal. 3. Er findet Sie interessant, und Sie finden ihn interessant. 4. Wir verstehen sie schon gut, und sie verstehen uns schon gut.

Übung 3 A: den B: ihn C: den/den/die/das D: sie E: den F: ihn G: das H: es I: die J: sie/sie

Übung 4 1. Wer 2. Was 3. Wer 4. Was 5. Wer 6. Wen 7. Wer 8. Wen/Was

Übung 5 CHRISTOPH: Ich verstehe Robert nicht gut, und er versteht <u>mich</u> auch nicht gut. Verstehst du <u>ihn</u>? BRIGITTE: Ja, kein Problem. Ich verstehe <u>ihn</u> gut. // HERR SCHULZ: Hören Sie <u>mich</u>, Herr Jones? HERR JONES: Ja, ich höre <u>Sie</u> ganz gut, Herr Schulz.

Übung 6 FRAU KLAMM: Laufen Ihre Kinder immer so laut <u>um das Haus</u> herum und <u>durch den Garten</u>, Frau Kleist? // PAUL: Hast du etwas <u>gegen meinen Freund</u>? UTE: Nein, natürlich habe ich nichts <u>gegen ihn</u>. Aber er hat etwas <u>gegen mich</u>. // SUSI: Spielt ihr schon wieder Cowboys <u>ohne mich</u>? ALEX: Nein, Susi, wir spielen nicht <u>ohne dich</u>. // MARGRET: Fährst du im Winter <u>durch die Schweiz</u>? MICHAEL: Ja, und auch <u>durch Österreich</u>. // MÄXCHEN: Opa, hast du eine Cola <u>für uns</u>? OPA: Nein, aber ich habe Milch <u>für euch</u>. <u>Ohne Milch</u> bleibt ihr klein. OPA: Na gut, eine Cola <u>für dich</u> und Leah.

Übung 7 1. Mein Freund kauft Rosen für mich. 2. Gegen sechs Uhr laufen wir gern durch den Park. 3. Wir laufen selten ohne seinen Neffen. 4. Ich habe gar nichts gegen Martins Schwester oder ihren Sohn. 5. Martins Schwester und ihr Mann kaufen oft Geschenke für uns.

Übung 8 1. werden 2. werde, wird 3. wirst 4. werdet

Übung 9 1. A: <u>Kennt</u> ihr die Musik von Johann Sebastian Bach? B: Ja, natürlich. Wo ist Bachs Geburtsort? <u>Wisst</u> ihr das? A: Nein, das <u>weiß</u> ich nicht. 2. D. <u>Wissen</u> Sie, wann die Festspielkonzerte beginnen? E: Ich <u>weiß</u> das nicht genau. Ich glaube im Juni. Vielleicht <u>weiß</u> mein Kollege das. Ich frage ihn. 3. F: <u>Kennen</u> Sie Mozarts Oper *Don Giovanni*? G: Nein. Ich <u>kenne</u> Mozarts *Requiem*, aber diese Mozartoper <u>kenne</u> ich nicht. 4. H: Wer <u>weiß</u>, wo wir Karten kaufen? I: Die Adresse ist Nachtigallenstraße 7. Das <u>weiß</u> ich. Aber ich <u>kenne</u> die Straße nicht. Wo ist das? J: Ich <u>weiß</u> genau, wo das ist. 5. K: <u>Weißt</u> du, wie viel die Karten kosten?

Sprache im Kontext   Lesen   A. Maria, Mann, Tochter, Sohn   **B. 1.** Am <u>achten Juni</u> feiern Paul und Maria die Taufe von Lukas und auch ihre kirchliche Trauung.   **2.** Sie feiern diesen <u>Tag</u> mit allen Verwandten und Freunden.   **3.** Der Gottesdienst <u>beginnt</u> um 16.00 Uhr.   **4.** Ein <u>Gartenfest</u> folgt dem Gottesdienst.   **5.** Das Fest findet auf der Briener Straße 180 in <u>Kellen</u> statt.

Kapitel 4

Alles klar?   A. 1. c   **2.** b   **3.** b

Wörter im Kontext   Aktivität 1   A. 1. Eine Minute   **2.** Eine Stunde/Minuten   **3.** Stunden   **B. 1.** halb   **2.** vor   **3.** Viertel nach   **4.** nach   **5.** Viertel vor   **C.** 3 2 4 1 6 7 5

Aktivität 2   1. heute Mittag   **2.** heute Abend   **3.** morgen früh   **4.** morgen Nachmittag   **5.** Montagvormittag   **6.** Montagnachmittag

Aktivität 3   1. morgens   **2.** vormittags/morgens   **3.** morgens   **4.** samstags   **5.** morgens/nachmittags/abends   **6.** freitagabends   **7.** abends/nachts   **8.** nachts

Aktivität 4 … Ihr Sohn Josef <u>räumt</u> schon sein Zimmer <u>auf</u>, und ihre Tochter Maria <u>steht</u> jetzt <u>auf</u>. Jeden Tag bleibt ihr Mann, Herr Fiedler, bis acht Uhr zu Hause. Heute Morgen <u>ruft</u> er seine Mutter <u>an</u>. … Frau Jahn <u>kocht</u>, und Herr Jahn <u>frühstückt</u>. Ihr Kind, das kleine Hänschen, <u>sieht fern</u>. Frau Jahns Vater <u>kommt</u> alle zwei Wochen <u>vorbei</u>.

Aktivität 5   A. 1. ins   **2.** in die   **3.** ins   **4.** ins   **5.** in die   **B. 1.** Horrorfilm   **2.** Krimi   **3.** Komödie   **4.** Tragödie   **5.** Oper   **6.** Ballett

Grammatik im Kontext   Übung 1   1. Um zehn nach sieben frühstückt sie.   **2.** Um halb acht räumt sie schnell ihr Zimmer auf.   **3.** Um zwanzig nach acht geht sie zur Universität.   **4.** Um fünf nach neun fängt ihre Englischstunde an.   **5.** Um Viertel nach zwei kommt sie nach Hause zurück.   **6.** Um Viertel vor sechs ruft sie ihre Freundin an.   **7.** Um halb sieben sieht sie fern.   **8.** Von acht bis zehn lernt sie Englisch.

Übung 2   1. Um wie viel Uhr kommst du vorbei? Ich komme um zehn Uhr vorbei. *oder:* Um zehn Uhr komme ich vorbei.   **2.** Um wie viel Uhr holt Elias uns ab? Er holt uns gegen elf ab. *oder:* Gegen elf holt er uns ab.   **3.** Wann gehen wir aus? Wir gehen heute Nachmittag aus. *oder:* Heute Nachmittag gehen wir aus.   **4.** Wann kaufen wir ein? Wir kaufen gegen eins ein. *oder:* Gegen eins kaufen wir ein.   **5.** Um wie viel Uhr kommt Sonja mit? Sonja kommt um zwei Uhr mit. *oder:* Um zwei Uhr kommt Sonja mit.   **6.** Wann kommen wir zurück? Wir kommen heute Abend zurück. *oder:* Heute Abend kommen wir zurück.

Übung 3 UNDERLINE IN CARTOON: wirft, weg, kommt, zurück; UNDERLINE IN EXPLANATION: wirft, weg, kommt, zurück, wirft, weg, kommt, zurück, bringt, mit

Übung 5   1. müssen   **2.** musst   **3.** muss   **4.** müsst   **5.** müssen   **6.** muss

Übung 6   1. Dürfen / möchtest   **2.** Darf   **3.** kann   **4.** soll   **5.** mögt   **6.** mag / können   **7.** soll   **8.** können

Übung 7   A. 1. Ihr müsst früher aufstehen.   **2.** Ich kann so früh nicht aufwachen.   **3.** Du musst dein Arbeitszimmer aufräumen.   **4.** Mein Freund soll heute Abend vorbeikommen.   **B. 1.** Kannst du mich gegen sieben anrufen?   **2.** Könnt ihr uns um halb acht abholen?   **3.** Warum will dein Freund nicht in die Disco gehen?   **4.** Warum müsst ihr abends immer ausgehen?   **5.** Warum magst du diesen Kaffee nicht?   **6.** Wo soll ich morgen frühstücken?

Übung 8   1. Frühstücken Sie doch morgen früh im Café.   **2.** Gehen Sie doch morgen Nachmittag einkaufen.   **3.** Gehen Sie mal durch den Park spazieren.   **4.** Essen Sie doch morgen Abend im Restaurant.   **5.** Sehen Sie dann mal einen Horrorfilm.   **6.** Kommen Sie bitte am Samstag vorbei.

Übung 9   1. Sieh jetzt nicht fern.   **2.** Ruf(e) deine Oma an.   **3.** Geh noch nicht aus.   **4.** Sei nett.   **5.** Lies dein Buch.   **6.** Hört immer gut zu.   **7.** Seid vorsichtig.   **8.** Kommt zum Einkaufen mit.   **9.** Kommt sofort zurück.   **10.** Lernt jetzt.

Sprache im Kontext **Lesen** A. 1. *Kleine Geschichte von der Frau, die nicht treu sein konnte* 2. Tanja Langer 3. Roman 4. 540 5. 15 6. gefährlich 7. ihr Leben C. 1. Eva 2. fast idyllisch 3. drei 4. ein Haus mit Garten 5. einen künstlerischen Beruf 6. nicht unglücklich (*oder:* glücklich) D. 1. b 2. d 3. a 4. c

Kapitel 5

Alles klar? A. einen Obststand sehen, frisches Obst kaufen, Obst und Gemüse direkt vom Bauern kaufen, an der frischen Luft sein, frische Zutaten zum Mittagessen oder Abendessen suchen, einen Rucksack oder eine Tasche mitbringen B. frühmorgens, morgens, vormittags, nachmittags

Wörter im Kontext **Aktivität 1** 1. der Anzug 2. das Hemd 3. die Hose 4. das Kleid 5. der Gürtel 6. die Jacke 7. der Schal 8. der Rock 9. der Hut 10. die Krawatte 11. der Mantel 12. der Pullover 13. das Sakko 14. die Bluse 15. der Schuh 16. der Stiefel

Aktivität 2 Hut F, Jacke F, Weste M, Bluse F, Hemd M, Rock F, Hose M, Gürtel F/M

Aktivität 4 1. Socken und Schuhe 2. Jeans und ein T-Shirt 3. ein Hemd und eine Hose 4. ein Mantel und ein Hut 5. ein Anzug und eine Krawatte 6. eine Jacke und ein Schal

Aktivität 6 1. a 2. a 3. a 4. b 5. a 6. a

Aktivität 7 1. <u>Welche Größe</u> brauchen Sie? 2. Möchten Sie <u>gestreift</u> oder <u>kariert</u>? 3. Dieses Hemd ist wirklich <u>schick</u>. 4. Möchten Sie es <u>anprobieren</u>? 5. Dieses Hemd <u>passt</u> mir. 6. Die Farbe <u>steht</u> mir gut. 7. Dieses Hemd <u>gefällt</u> mir. 8. Wo ist die Kasse bitte? Ich möchte jetzt <u>zahlen</u>.

Aktivität 8 1. rot 2. weiß 3. grün 4. schwarz 5. gelb 6. orange 7. braun / braun

Aktivität 10 Aufschnitt / Wurst / Käse / Brot / Brötchen / Gurken / Äpfel / Trauben / Kekse / Getränke

Aktivität 11 Wo ist <u>der</u> Blumenkohl? Ich kann <u>den</u> Blumenkohl nicht finden. / <u>das</u> Salz? / <u>das</u> Salz/ <u>der</u> Pfeffer? / <u>den</u> Pfeffer / <u>der</u> Tee? / <u>den</u> Tee / <u>die</u> Wurst? / <u>die</u> Wurst / <u>der</u> Kaffee? / <u>den</u> Kaffee / <u>das</u> Mineralwasser? / <u>das</u> Mineralwasser / <u>das</u> Brot? / <u>das</u> Brot / <u>der</u> Truthahn?/ <u>den</u> Truthahn

Aktivität 12 1. Ich brauche Medikamente. Wo kann ich <u>eine Apotheke</u> finden? 2. Eva braucht <u>Brot</u> und <u>Brötchen</u>. 3. Wo kann sie <u>eine Bäckerei</u> finden? 4. Ich brauche <u>Rindfleisch</u> und <u>Schweinefleisch</u>. 5. Wo ist hier <u>eine Metzgerei</u>? 6. Meine Freunde kommen heute Abend vorbei. Ich möchte <u>einen Kuchen</u> für sie kaufen. 7. Wo kann ich eine gute <u>Konditorei</u> finden? 8. Ist das <u>eine Drogerie</u>? 9. Gut, ich muss <u>Toilettenpapier</u> und <u>Zahnpasta</u> kaufen. 10. Heute muss ich <u>Lebensmittel</u> für die ganze Familie kaufen. 11. Wo kann ich <u>einen Supermarkt</u> finden? 12. Ich will <u>Bier</u> kaufen. 13. Wo ist hier <u>ein Getränkeladen</u>? 14. Wo finde ich <u>einen Bioladen</u>? 15. Ich muss noch Biomilch, <u>Müsli</u> und <u>Joghurt</u> haben.

Grammatik im Kontext **Übung 1** B: Ihm D: Ihr F: ihnen H: ihr J: uns

Übung 2 1. Wem gehören diese Kleidungsstücke? 2. Gehört Ihnen dieser Bademantel? (*oder:* Gehört dieser Bademantel Ihnen?) 3. Gehört ihm diese Krawatte? (*oder:* Gehört diese Krawatte ihm?) 4. Gehört ihr dieser Schal? (*oder:* Gehört dieser Schal ihr?) 5. Gehört dir diese Jacke? (*oder:* Gehört diese Jacke dir?) 6. Gehören ihnen diese T-Shirts? (*oder:* Gehören diese T-Shirts ihnen?) 7. Gehören euch diese Schuhe? (*oder:* Gehören diese Schuhe euch?)

Übung 3 1. Rudi schenkt seinem Bruder einen Gürtel. 2. Karin schenkt ihrer Oma einen Schal. 3. Herr Lenz schenkt seiner Mutter einen Hut. 4. Peter schenkt seinem Vater eine Krawatte. 5. Emilie schenkt ihrem Onkel ein Hemd. 6. Herr und Frau Pohl schenken ihrem Sohn einen Anzug. 7. Frau Effe schenkt ihren Eltern eine Flasche Wein.

Übung 4 1. Nein, Rudi schenkt ihn seinem Bruder. 2. Nein, Karin schenkt ihn ihrer Oma. 3. Nein, Herr Lenz schenkt ihn seiner Mutter. 4. Nein, Peter schenkt sie seinem Vater. 5. Nein, Emilie schenkt es ihrem Onkel. 6. Nein, Herr und Frau Pohl schenken ihn ihrem Sohn. 7. Nein, Frau Effe schenkt sie ihren Eltern.

Übung 5 1. Ja, ich kaufe es ihr. 2. Ja, ich zeige ihn ihnen. 3. Ja, ich gebe sie Ihnen. 4. Ja, ich gebe sie euch. 5. Ja, ich schicke ihn dir.

Übung 6 *Answers will vary slightly. Possible answers:* 1. Diese Erdbeeren schmecken mir gut. 2. Dieser Pullover passt mir gut. 3. Die Jeans stehen dir gut. 4. Können Sie mir bitte helfen? 5. Ich möchte dir für den Tee danken. 6. Die Mütze gefällt mir. 7. Es tut mir leid. 8. Das Hemd ist mir zu teuer. 9. Es ist mir egal.

Übung 7 1. aus der Schweiz 2. von dieser Metzgerei 3. bei der Metzgerei 4. beim Imbiss 5. nach dem Arbeitstag 6. zur Metzgerei, zum Imbiss

Übung 8 1. Nein, er arbeitet beim Supermarkt. 2. Nein, sie sieht nach dem Abendessen fern. 3. Nein, sie ist schon seit einem Monat hier. 4. Nein, ich höre oft von meinem Neffen Max. 5. Nein, er geht oft zur Bäckerei. 6. Nein, ich gehe gern mit meinen Freunden aus. 7. Nein, sie kommt aus der Slowakei.

Übung 9 1. Richard ist schon seit drei Monaten in Münster. 2. Morgens geht er zur Uni. 3. Nachmittags geht er zur Arbeit. 4. Er wohnt bei Herrn und Frau Mildner. 5. Er spricht oft mit einem Studenten aus der Schweiz. 6. Sie sprechen besonders gern von ihren Freunden. 7. Manchmal geht Richard mit seinen Freunden zum Supermarkt. 8. Da kann er auch Lebensmittel aus den USA finden. 9. Nach dem Einkaufen fährt Richard mit dem Bus nach Hause.

Übung 10 1. Wo arbeitest du? 2. Wo bleibst du oft? 3. Wohin gehst du gern samstagnachmittags? 4. Wo wohnen deine Eltern jetzt? 5. Wo arbeitet dein Bruder manchmal? 6. Wo studiert deine Freundin Maria? 7. Woher kommt dein Freund Peter? 8. Woher kommt deine Kusine? 9. Wohin fährt dein Onkel nächste Woche? 10. Wohin will deine Tante reisen?

Sprache im Kontext Lesen A. 1. Sie heißen Dunja und Irene. 2. Sie heißen Russ und Nick. 3. Dunja, Russ und Irene sind achtundzwanzig (*oder:* 28), Nick ist fünfundzwanzig (*oder:* 25). 4. Dunja ist Erzieherin, Russ ist Model, Irene ist Redakteurin und Nick ist Fitness-Trainer. **B.** 1. Russ 2. Dunja 3. Dunja, Russ 4. Nick 5. Dunja, Russ, Irene, Nick 6. Nick 7. Dunja, Russ 8. Irene 9. Irene

Kapitel 6

Alles klar? 1. Hosen, T-Shirts 2. Bier vom Fass, Getränke 3. eine Kneipe, ein Lokal, ein Wirtshaus, eine Gaststätte

Wörter im Kontext Aktivität 1 1. Ruhetag, B 2. geöffnet, W 3. Küche/Gerichte, W 4. nach dem Theater, K 5. geschlossen, K 6. zwischen, W 7. Lokal/Restaurant, B 8. von / bis, W

Aktivität 2 1. Imbiss 2. Ruhetag 3. Tischreservierung 4. Ist hier noch frei? 5. besetzt 6. Speisekarte 7. Rechnung 8. Ober / Kellnerin

Aktivität 3 1. ~~Servietten~~ / ~~Gaststätten~~ / ~~Ober~~ / ~~Rechnung~~ / ~~Plätze~~ / ~~Messer~~ 2. In einem Restaurant nehmen sich die Gäste viel Zeit für ihre Speisen und Getränke. Da kann man zuerst eine Vorspeise bestellen. Das kann oft eine Suppe oder ein Salat sein. Dann wählt man ein Hauptgericht mit Beilage. Das ist vielleicht ein Pfannengericht oder eine Hausspezialität. Dazu wählt man auch ein Getränk, wie zum Beispiel ein Bier oder ein Glas Wein oder sonst was. Nach diesem Gericht kann man eine Nachspeise bestellen – wenn man noch Hunger hat.

Aktivität 4 1. c 2. b, c 3. b 4. a, b, c 5. b, c

Aktivität 5 1. eine Gabel 2. ein Messer (*oder:* eine Serviette) 3. eine Serviette (*oder:* ein Messer) 4. Servietten 5. einem Teller 6. ein Löffel 7. Suppe 8. eine Tasse 9. Tee 10. Teller und Tassen 11. Weinglas

Aktivität 6 A. K: O: K: O: K: O: K: O: K: O: K: B. 8 11 6 1 4 9 7 3 10 5 2

Grammatik im Kontext Übung 1 1. im Frühling / am Abend / am Wochenende / in den Sommermonaten / an einem Wintertag 2. in den USA / in der Großstadt / auf dem Land / auf dem Markt / an der Uni

Übung 2   1. In diesem Zimmer sitzt ein Mann hinter seinem Schreibtisch.   2. Wir sehen seine Schuhe unter dem Schreibtisch.   3. Hinter dem Mann hängen viele Uhren an der Wand.   4. Die Kuckucksuhr hängt über einem Tisch.   5. Eine Lampe steht auf dem Schreibtisch.   6. Neben der Lampe steht ein Telefon.   7. Ein Computer steht auf einem Computertisch am Fenster.

Übung 3   1. Stellen Sie die Vase auf den Tisch.   2. Hängen Sie Bilder an die Wand.   3. Legen Sie einen Teppich vor den Schreibtisch.   4. Stellen Sie einen Sessel zwischen die Fenster.   5. Stellen Sie eine Zimmerpflanze neben den Schreibtisch.   6. Bringen Sie Farbe ins Zimmer.

Übung 4   PAUL: Wohin soll ich die Gabeln <u>legen</u>? ANNA: <u>Auf die Tische</u>. PAUL: Wo <u>stehen</u> die Tassen? ANNA: <u>Im Schrank</u>. PAUL: Wo <u>steht</u> der Schrank? ANNA: <u>Im Foyer</u>. PAUL: Wohin soll ich die Servietten <u>legen</u>? ANNA: <u>In die Schublade</u>. PAUL: Wohin soll ich die Blumen <u>stecken</u>? ANNA: <u>In diese Vase</u>. PAUL: Wo <u>hängt</u> das große Poster? ANNA: <u>Zwischen den Fenstern</u>. PAUL: Wo <u>liegt</u> der kleine Teppich? ANNA: <u>Vor der Tür</u>. PAUL: Wohin soll ich die Stühle <u>stellen</u>? ANNA: <u>An die Tische</u>. PAUL: Wohin soll ich den ersten Gast <u>setzen</u>? ANNA: <u>An diesen Tisch</u>. PAUL: Wo können die Kellner und Kellnerinnen <u>sitzen</u>? ANNA: <u>Am Tisch neben der Hintertür</u>.

Übung 5   … MARIA: <u>In einer Stunde</u>. THOMAS: Und um wie viel Uhr soll das sein? MARIA: <u>Gegen halb sechs</u>. Ich habe die Tickets <u>im Internet</u> gebucht. Sie liegen <u>an der Abendkasse</u> für uns bereit. THOMAS: Wann möchtest du essen? <u>Vor oder nach dem Theater</u>? MARIA: Vielleicht können wir schnell etwas <u>in der Pause</u> essen. THOMAS: Wie lange läuft dieses Stück schon im Volkstheater? MARIA: <u>Seit zwei Monaten</u> …

Übung 6   1. nach (D)   2. zwischen (*hier:* D)   3. bei (D)   4. an (*hier:* D)   5. für (A)

Übung 7   *Answers may vary. Possible answers:*   2. F: Wo warst du vor dem Film?   A: Ich war im Restaurant.   3. F: Wo wart ihr nach der Oper?   A: Wir waren im Gasthof.   4. F: Wo waren Sie nach dem Abendessen?   A: Ich war zu Hause.   5. F: Wo war Michael am Festtag?   A: Er war auf einer Party.

Übung 8   1. hatten   2. hatte   3. hatte   4. hatten   5. hattet   6. hatten   7. hattest   8. hatte

Übung 9   1. A: mussten   B: musste   C: mussten/musste   2. A: durften   B: durfte/Durftest   C: durfte/durfte   3. A: konnten/Konnten   B: konnte/Konntest   C: konnte/konnte   4. A: sollten/solltet   B: sollte/sollten/Solltest   5. A: Wolltest   B: wollte/wolltet   C: wollten/wollte   6. A: Mochtet   B: mochten/mochten/Mochtest   C: mochte

Sprache im Kontext Lesen   A. 1. a   2. a, b   3. b   4. a, b   B. 1. richtig   2. richtig   3. falsch   4. richtig   5. falsch   6. richtig   7. falsch   8. richtig   9. falsch   C. 1. e   2. g   3. d   4. f   5. h   6. b   7. c   8. a

Na klar!   *Answers will vary. Possible answers:*   1. Sie sind in einem Straßencafé vielleicht in einer Stadt in Deutschland, Österreich oder in der Schweiz.   2. Sie sitzen an einem Tisch vor einem Fenster.   3. Sie bringt ihnen die Speisen.   4. Sie sagt: Bitte.   5. Sie sagen: Danke.   6. Sie finden das Essen sehr gut und die Bedienung auch gut.

Kapitel 7

Alles klar?   1. d   2. a, b   3. c   4. b   5. a   6. b, c   7. e

Wörter im Kontext   Aktivität 1   *Some answers will vary slightly. Possible answers:*   1. Helga angelt auf einem See.   2. Herr Dietz segelt auf dem Meer.   3. Werner taucht in einem Hallenbad.   4. Käthe reitet auf einer Wiese.   5. Leni faulenzt in ihrem Zimmer.   6. Joachim und Sigrid spielen auf einem Tennisplatz Tennis.

Aktivität 3   *Some answers may vary. Possible answers:*   1. treiben   2. spielen   3. sammeln   4. gehen   5. läuft   6. spielen   7. fährst   8. laufen   9. macht

Aktivität 4   1. Willi macht gern Bodybuilding.   2. Petra und ihre Freundinnen joggen gern.   3. Claudia malt gern.   4. Dirk zeichnet gern.   5. Christel fährt gern Rad.   6. Heike und Max spielen

gern Schach.   7. Eva läuft gern Schlittschuh.   8. Jürgen und seine Brüder schwimmen gern.
9. Monika bloggt gern.   10. Stefan faulenzt gern.

Aktivität 5   A. 2. die Sonne   3. das Gewitter   4. der Nebel   5. der Regen   6. der Schnee
7. der Wind.

Aktivität 6   *Answers will vary slightly. Possible answers:*   1. Heute regnet es in Deutschland. *oder:* Es
regnet heute in Deutschland. *oder:* In Deutschland regnet es heute.   2. Donnert und blitzt es auch
morgen?   3. Vielleicht schneit es morgen. *oder:* Morgen schneit es vielleicht.   4. Gestern hat die Sonne
geschienen. *oder:* Die Sonne hat gestern geschienen.   5. Ist es oft neblig?   6. Im Frühling ist es heiter.
oder: Es ist heiter im Frühling.

Aktivität 7   1. Es regnet. *oder:* Es gibt Regen.   2. Es gibt Schauer.   3. Es ist wolkig. *oder:* Es gibt
Wolken.   4. 14 Grad.   5. Nein.

Grammatik im Kontext   Übung 1   1. f   2. a   3. g   4. e   5. h   6. i   7. c   8. b   9. d

Übung 2   FRAU WAGNER: Was haben Sie in Ihrer Freizeit gemacht? FRAU HUBERT: Ich habe Briefmarken
gesammelt und Karten gespielt. Ich habe auch viel gekocht. Und Sie? FRAU WAGNER: Ich habe gezeichnet,
gemalt und im Garten gearbeitet. FRAU HUBERT: Haben Sie auch Musik gehört? FRAU WAGNER: Ja
natürlich. Mein Mann und ich haben auch gefaulenzt. Dann haben wir gern Jazz gehört.

Übung 3   1. Hast du stundenlang vor dem Computer gesessen?   2. Wie viele Stunden hast du pro
Nacht geschlafen?   3. Habt ihr oft mit anderen Studenten und Studentinnen gesprochen?   4. Wie
viele Bücher habt ihr pro Kurs gelesen?   5. Wie viele Tassen Kaffee hast du pro Tag getrunken?
6. Bist du am Abend und Wochenende zu Hause geblieben?   7. Wie oft seid ihr in der Freizeit aufs
Land gefahren?   8. Wie oft seid ihr ins Kino gegangen?   9. Wie habt ihr die Kurse gefunden?

Übung 4   1. Ich habe keine Arbeit mehr gemacht.   2. Wir sind zehn Wochen nach Hawaii geflogen.
3. Ich bin fast nie zu Hause geblieben.   4. Ich bin oft in Österreich Ski gefahren.   5. Wir haben oft in
Restaurants gegessen.   6. Meine Eltern sind oft zu Besuch gekommen.   7. Wir sind oft in die Oper
gegangen.

Übung 5   1. ist/passiert   2. hast/verbracht   3. Hast/gewusst   4. hast/bestellt   5. hat/eingeladen
6. Hast/gekannt   7. Haben/fotografiert   8. hast/bekommen   9. Hat/gebracht   10. bist/eingeschlafen

Übung 6   1. Ich habe mein Zimmer schon aufgeräumt.   2. Ich habe meine Freunde schon angerufen.
3. Ich habe schon mal Pause von Zuhause gemacht.   4. Ich bin schon in die Disco gegangen.   5. Ich
bin schon mal mit meinen Freunden vorbeigekommen.   6. Ich habe ein Projekt schon angefangen.

Übung 7   1. Eine Wiese ist größer als ein Stadtpark.   2. Ein Gewitter ist stärker als ein Regenschauer.
3. Ein Pullover ist wärmer als ein Hemd.   4. Ein Fluß ist länger als eine Straße.   5. Ein Eisstadion ist
kühler als ein Fitnesscenter.   6. Wintertage sind kürzer als Sommertage.

Übung 8   1. Nein, zu Hause ist es nicht so kalt wie hier. Hier ist es kälter.   2. Nein, ich finde Fußball
nicht so interessant wie Tennis. Ich finde Tennis interessanter.   3. Nein, der Film ist nicht so gut wie
das Buch. Das Buch ist besser.   4. Nein, ich esse Gemüse nicht so gern wie Schokolade. Ich esse
Schokolade lieber.   5. Nein, das Hotel gefällt mir nicht so gut wie das Restaurant. Das Restaurant
gefällt mir besser.   6. Nein, Wandern macht mir nicht so viel Spaß wie Schwimmen. Schwimmen
macht mir mehr Spaß.

Sprache im Kontext   Lesen   A. 1. a, b, c   2. b, c   B. *Answers will vary. Possible answers:* FÜR DEN
KÖRPER: Sport, Tennis, Squash, Fitnesscenter, Waldbad, Golfen, Wandern, Radeln FÜR DEN GEIST:
Schulmuseum, Literaturarchiv, Stadtmuseum FÜR DAS GEMÜT: Aktivitäten der örtlichen Vereine und
Institutionen   C. *Order of cities may vary.*   a. Bayreuth   b. Regensburg   c. Nürnberg   d. München
e. Prag   f. Weiden   g. Amberg   D. 45 Minuten   E. Am Wochenende sind wir aus der Stadt München
nach Sulzbach-Rosenberg gefahren, denn wir haben Ruhe gesucht. Max und Sonja haben Tennis gespielt,
und ich bin ins Fitnesscenter gegangen. Dann ist Max mit der Bahn nach Nürnberg gefahren, aber
Sonja und ich sind in Sulzbach-Rosenberg geblieben. Max hat die Nürnberg Messe besucht, aber Sonja
und ich haben zwei Stunden im Stadtmuseum verbracht. Wir haben dort viel gesehen, und wir haben
auch die Geschichte von der Altstadt gehört. Das Hotel hat alles für uns arrangiert.

Kapitel 8

Alles klar? 1. der Kopf 2. das Gesicht 3. das Auge 4. die Nase 5. der Mund 6. das Kinn
7. der Bauch 8. das Bein 9. das Knie 10. der Fuß 11. der Finger 12. die Hand 13. der Arm
14. der Ellbogen (*oder:* der Ellenbogen) 15. die Brust 16. die Schulter 17. der Hals

Wörter im Kontext Aktivität 1 1. a. Gesundheit b. Rat c. Luft d. Arbeit e. Arzt 2. *Some
answers will vary. Possible answers:* a. Arzt b. Fieber/Kopfschmerzen c. Biolebensmittel d. Termin

Aktivität 2 1. Achten 2. Versuchen 3. Reduzieren 4. Essen 5. Gehen 6. Machen
7. Meditieren (*oder:* Essen) 8. Verbringen (*oder:* Meditieren) 9. Rauchen

Aktivität 3 1. Kopf und Haare 2. Augen und Ohren 3. Nase und Mund 4. Gesicht und Kinn
5. Hals und Schultern 6. Bauch und Rücken 7. Arme und Beine 8. Hände und Füße 9. Ellbogen
(*oder:* Ellenbogen) und Knie 10. Finger und Zehen

Aktivität 4 1. duscht sich 2. kämmt sich 3. entspannen sich 4. strecken sich 5. putzt sich die
Zähne 6. zieht sich an

Aktivität 5 1. Ja, ich kämme mich jeden Morgen. (*oder:* Nein, ich kämme mich nicht jeden Morgen.)
2. Ja, ich strecke mich oft. (*oder:* Nein, ich strecke mich nicht oft.) 3. Ja, ich verletze mich manchmal.
(*oder:* Nein, ich verletze mich nie.) 4. Ja, ich muss mich immer beeilen. (*oder:* Nein, ich muss mich
nicht immer beeilen.) 5. Ja, ich kann mich am Abend entspannen. (*oder:* Nein, ich kann mich am
Abend nicht entspannen.) 6. Ja, ich möchte mich fithalten. (*oder:* Nein, ich möchte mich nicht
fithalten.) 7. Ja, ich fühle mich immer gesund. (*oder:* Nein, ich fühle mich nicht immer gesund.)
8. Ja, ich erkälte mich leicht. (*oder:* Nein, ich erkälte mich nicht leicht.)

Aktivität 6 *Answers may vary.* JAN: Du klingst deprimiert, Sara. SARA: Ich fühle mich hundsmiserabel.
JAN: Was fehlt dir denn? SARA: Ich habe die Grippe. Der Hals tut mir weh, und ich kann kaum
schlucken. JAN: Hast du Fieber? SARA: Ja, auch Husten und Schnupfen. JAN: So ein Pech. Hast du
deinen Arzt (*oder:* deine Ärztin) angerufen? SARA: Das mache ich heute. JAN: Na, gute Besserung!
SARA: Danke.

Grammatik im Kontext Übung 1: A. 1. Ich lese, weil ich immer etwas lernen will. 2. Ich reise,
weil ich andere Länder sehen will. 3. Ich esse Biolebensmittel, weil ich gesund bleiben will. 4. Ich
laufe, weil ich fit werden will. 5. Ich gehe manchmal zum Arzt, weil ich Rat brauche. 6. Ich schlafe
leicht ein, weil ich oft müde bin.

Übung 2: A. 1. Schön, dass ich im Frühling hier war. 2. So ein Pech, dass du dich verletzt hast.
3. Macht nichts, dass ihr spät angekommen seid. 4. Nichts zu danken, dass wir Getränke mitgebracht
haben. 5. Schön, dass unsere Freunde den Sommer bei uns verbringen. 6. Macht nichts, dass du
schon etwas vorhast.

Übung 3 2. Tim und Julia haben Urlaub, aber sie haben noch keine Pläne. Sie wissen, dass sie den
ganzen Urlaub nicht im Hotelzimmer verbringen wollen. Tim liest laut aus Reisebroschüren vor. Julia
spricht nicht, sondern sie hört zu. Die beiden können nicht in die Oper gehen, denn sie haben nicht
genug Geld dafür. Sie können nicht schwimmen gehen, weil das Hotel weder Hallenbad noch Freibad
hat. Tim weiß, dass Julia durchs Einkaufszentrum bummeln möchte, aber er will nicht mitgehen. Julia
weiß, dass Tim gern ein Fußballspiel im Stadion sehen möchte, aber sie interessiert sich nicht dafür.
Julia sagt: „Wenn du ins Stadion gehst, gehe ich einkaufen", aber Tim sagt: „Wenn wir in Urlaub sind,
sollten wir die Zeit zusammen verbringen."

Übung 4 1. Wenn ich mein Zimmer aufräume, darf ich mit Papi ausgehen. 2. Wenn ich meine
Hausaufgaben mache, kann ich draußen spielen. 3. Wenn ich samstags früh aufstehe, können wir aufs
Land fahren. 4. Wenn ich mein Gemüse esse, darf ich Schokolade haben. 5. Wenn ich mir die Hände
nicht wasche, darf ich nicht am Tisch essen.

Übung 5 1. Ich weiß nicht, warum du keine Energie hast. 2. Ich weiß nicht, was dir fehlt. 3. Ich
weiß nicht, wen du anrufen sollst. 4. Ich weiß nicht, wie du wieder fit und gesund werden kannst.
5. Ich weiß nicht, wann du dich wieder wohl fühlst.

Übung 6 1. Ich soll mich regelmäßig strecken. 2. Du sollst dich nicht beeilen. 3. Wir dürfen uns nicht erkälten. 4. Ihr dürft euch hier hinsetzen. 5. Sie müssen sich über Vitamine informieren. 6. Er kann sich nicht entspannen.

Übung 7 Ich habe mich fit gehalten. Ich habe gesund gegessen und viel Wasser getrunken. Ich habe regelmäßig Sport getrieben. Zweimal pro Woche habe ich Tennis gespielt. Ich bin jeden Morgen schwimmen gegangen, und jedes Wochenende bin ich gelaufen. Ich habe nie geraucht und habe nur selten Medikamente genommen. Manchmal habe ich mich erkältet. Dann habe ich Vitamintabletten eingenommen und viel Orangensaft getrunken. Ich bin zu Hause geblieben und habe mich erholt. Bald bin ich wieder gesund geworden. Einmal pro Jahr bin ich zum Arzt gegangen. Ich habe die Gesundheit für wichtig gehalten.

Übung 8 A: dir B: mir C: dich D: mich E: mich/mir/mich F: euch G: uns H: dir I: mir

Übung 9 *Answers may vary slightly. Possible answers:* 1. Kämm dir doch die Haare. 2. Wasch dir doch die Hände. 3. Putz dir doch die Zähne. 4. Entspann(e) dich doch öfter. 5. Zieh dir doch den Mantel an. 6. Zieh dich doch an. 7. Koch dir doch einen Tee. 8. Leg dich doch aufs Sofa. 9. Rasier dich doch. 10. Beeil dich doch. 11. Zieh dir doch die Schuhe an.

Übung 10 1. Wie oft seht ihr euch? 2. Wie oft ruft ihr euch an? 3. Wo trefft ihr euch gern? 4. Liebt ihr euch? 5. Wie lange kennt ihr euch schon?

Sprache im Kontext Lesen A. 1. Christian Wolff 2. Förster 3. Hund 4. Forsthaus Falkenau 5. Fragen 6. Stress B. (Christian Wolff) *Answers may vary slightly. Possible answers:* 1. ein Spaziergang mit meiner Frau und unseren Hunden. (*oder:* Ich gehe gern mit meiner Frau und unseren Hunden spazieren.) 2. einem guten Rotwein. (*oder:* Ich trinke gern einen guten Rotwein.) 3. Stress lasse ich nicht an mich ran. (*oder:* Ich lasse Stress gar nicht erst an mich ran. *oder:* Stress ist für mich kein Problem.) 4. Ich muss mich cholesterinbewusst ernähren. (*oder:* Ich darf keine Eier, keine Butter und nur wenig tierische Fette essen.) 5. mein Gerechtigkeitssinn. (*oder:* Ich will immer fair sein.) 6. Unprofessionalität und Unordnung 7. Italien; wegen der Landschaft, der Menschen, der Küche und der Nähe. 8. Ich habe nie ein Musikinstrument gelernt. 9. der Blick durchs Schlafzimmerfenster in die Natur 10. Wer in die Vergangenheit blickt, verdient keine Zukunft. (*oder:* Ich sehe nicht in die Vergangenheit, sondern in die Zukunft.) (ich) *Answers will vary.*

Kapitel 9

Alles klar? 1. ja 2. nein 3. nein 4. vielleicht 5. ja 6. nein 7. vielleicht 8. vielleicht 9. nein 10. ja 11. nein 12. nein

Wörter im Kontext Aktivität 1 1. das Einzelzimmer, - 2. das Bett, -en 3. die Wäsche 4. die Kommode, -n 5. das Handtuch, ¨er 6. der Fernseher, - 7. der Tisch, -e 8. die Lampe, -n 9. der Schlüssel, - 10. der Stuhl, ¨e 11. das Gepäck 12. der Koffer, - 13. der Schrank, ¨e 14. die Heizung 15. die Klimaanlage, -n 16. das Bad, ¨er (*oder:* das Badezimmer, -) 17. die Toilette, -n 18. die Dusche, -n // Fernseher / Dusche und WC / Einzelzimmer mit Bad / Klimaanlage und Heizung

Aktivität 2 1. Innenstadt 2. Lage 3. Parkplatz 4. Jugendherberge 5. Doppelzimmer 6. Einzelzimmer

Aktivität 3 1. Unterkunft / Einzelzimmer mit Bad 2. Erdgeschoss / Stockwerke / Stock 3. Anmeldeformular 4. Aufzug 5. Frühstücksraum

Aktivität 4 5 7 4 9 10 2 6 1 8 3

Aktivität 5 eine Ampel, Ampeln / eine Kreuzung, Kreuzungen / eine Bank, Banken / eine Jugendherberge, Jugendherbergen / ein Hotel, Hotels / eine Pension, Pensionen / eine Kirche, Kirchen / ein Museum, Museen / einen Bahnhof, Bahnhöfe

Aktivität 6 *Answers will vary slightly. Possible answers:* 1. Entschuldigung, ist das Museum weit von hier? 2. Nein. Es ist nur ungefähr zehn Minuten zu Fuß. 3. Wie komme ich am besten dahin? 4. Gehen Sie hier die Schottenstraße entlang. 5. Gehen Sie geradeaus zur Ampel. 6. Biegen Sie dann links in die Schützenstraße. 7. Gehen Sie immer geradeaus. 8. Das Museum liegt gegenüber von der Christuskirche. 9. Vielen Dank.

Grammatik im Kontext **Übung 1** A. Haus der Kulturen der Welt / An einem "Netzwerk der Beziehungen zwischen den Kulturen" arbeitet das Haus der Kulturen der Welt in Berlin seit 1989. B. des Landes / der Kinder / der Periode / des Kontinents

Übung 2 A 1. das Foto des Moments 2. das Wort der Stunde 3. das Buch der Woche 4. der Roman des Monats 5. der Film des Jahres 6. das Symbol der Zeiten B. 1. Habt ihr den Film des Monats gesehen? 2. Hast du den Roman des Jahres gelesen?

Übung 3 1. Das ist das Auto meines Onkels. 2. Das ist der Schlüssel deiner Freundin. 3. Das ist das Gepäck meiner Freunde. 4. Das ist die Kreditkarte eures Vaters. 5. Das ist das Anmeldeformular dieses Herrn. 6. Das ist das Geld Ihres Mannes. 7. Das sind die Fotos dieser Männer. 8. Das sind die DVDs eines Studenten aus Kanada.

Übung 4 1. Wer 2. Wessen 3. Wen 4. Wer 5. Wessen 6. Wem 7. wen 8. Wer 9. wem 10. Wer 11. Wessen 12. Wem

Übung 5 Das Haus der Familie Beethoven steht in Bonn. Hier wurde Ludwig van Beethoven 1770 geboren. Dieses Haus ist für viele Besucher ein wichtiges Symbol der Stadt Bonn. Die zweite Heimat des Komponisten war Wien, und im „Wiener Zimmer" des Beethoven-Hauses kann man Dokumente über sein Leben und seine Werke in Wien sehen.

Die moderne Beethovenhalle dient seit 1959 als Konzerthalle, und sie ist eigentlich die dritte dieses Namens in Bonn. Das Orchester der Beethovenhalle spielt eine große Rolle im kulturellen Leben dieser Musikstadt am Rhein. Es hat auch wichtige Funktionen im Rahmen der Beethovenfeste in Bonn.

Das erste Beethovenfest fand an Beethovens 75. Geburtstag statt. Der Komponist Franz Liszt war ein Mitglied des Festkomitees. Man hat zu diesem Fest eine Bronzfigur von Beethoven, das Beethoven-Denkmal, errichtet.

Ein neues Symbol der Beethovenstadt Bonn ist „Beethon", eine Skulptur aus Beton. „Beethon" ist das Werk eines Künstlers aus Düsseldorf, Professor Klaus Kammerichs.

Man findet das Grab der Mutter Beethovens auf dem Alten Friedhof in Bonn. Ludwig van Beethovens Mutter wurde als Maria Magdalene Keverich geboren. Sie starb am 17. Juli 1787. Auf dem Grabstein dieser Frau stehen die Worte: „Sie war mir eine so gute liebenswürdige Mutter, meine beste Freundin." Das Grab ihres Sohnes findet man in Wien.

Übung 6 1. Innerhalb einer Woche 2. Während unseres Aufenthalts 3. Wegen des Internetzugangs 4. Trotz des Wetters / innerhalb der Fußgängerzone 5. Wegen der Lage des Hotels 6. außerhalb der Stadt

Übung 8 1. schönen/deutschen 2. große/alten/historischen 3. interessanten 4. gemütlichen/ freundlichen

Übung 9 1. junger 2. bequemen 3. runden 4. gemütlichen 5. kleine 6. weißes 7. blaue 8. graue 9. alte 10. große 11. zehnjährigen 12. roten 13. gelbes 14. sechsjährigen 15. stressfreie

Übung 11 1. viele/schöne 2. warmen/frische 3. historische/gemütlichen 4. luxuriöse/ eleganten/berühmten 5. große 6. gute/deutscher/internationaler 7. schönen/ruhigen 8. fröhliche/zauberhafte/deutschen

Übung 12 A. 1. Ja, ich habe das Hamburger Rathaus fotografiert. 2. Ja, ich habe die Berliner Oper besucht. 3. Ja, ich habe die Wiener Philharmoniker gehört. 4. Ja, ich habe das Heidelberger Schloss gesehen. 5. Ja, ich kenne das Lüneburger Stadtwappen. B. 1. (Hotel) Quedlinburger Stadtschloss 2. Quedlinburg 3. ein Schloss *oder:* ein Stadtschloss *oder:* das Quedlinburger (Stadt)schloss

Sprache im Kontext   Lesen   A. 1. h   2. c   3. f   4. d   5. g   6. a   7. e   8. b   B. 1. der
2. Mindelheims   3. der   4. geschichtlicher   5. neuzeitlicher, der, des, Unterallgäus   6. nobler   7. lokaler
8. aller   C. 1. a, c   2. b, c   3. a, b, c   D. 1. farbenfroh   2. geschichtlich   3. neuzeitlich   4. alt
5. romantisch   6. künstlerisch   7. unerwartet   8. zahlreich   9. groß, historisch   10. reich   11. freundlich
12. breit   13. nobel   14. handwerklich   15. lokal   16. bemerkenswert   17. herzhaft-schwäbisch
18. kulinarisch   19. niveauvoll, gemütlich   20. gepflegt, heimelig

Kapitel 10

Alles klar?   *Answers may vary slightly. Possible answers:*   1. Der Zug ist schon angekommen.   2. Die
Leute müssen nicht mehr auf den Zug warten. *oder:* Die Leute warten nicht mehr auf den Zug.
3. Der Zug ist noch nicht vom Bahnhof abgefahren.   4. Der Zug steht auf dem Gleis. *oder:* Der Zug
steht nicht auf dem Bahnsteig, sondern auf dem Gleis. *oder:* Die Leute stehen auf dem Bahnsteig.
5. Der Zug ist sehr modern.   6. Die Leute steigen jetzt ein.   7. Sie tragen Handgepäck: Koffer, Kameras,
Rücksäcke.   8. Sie reisen wahrscheinlich nicht im Winter, weil sie keine Winterkleidung tragen.
oder: Sie reisen wahrscheinlich im Sommer, weil sie Sommerkleidung tragen. *oder:* Sie reisen vielleicht
im Frühling, im Sommer oder im Herbst, weil sie keine Winterkleidung tragen.   9. Nur ein Mann reist
wahrscheinlich geschäftlich, weil er einen Anzug trägt. *oder:* Diese Leute reisen wahrscheinlich nicht
geschäftlich, weil sie Sportkleidung tragen: einen Cowboyhut, Sporthemden, Jeans.

Wörter im Kontext   Aktivität 1   A.   1. Angebot   2. Gepäckaufbewahrung   3. Handschuh
4. Auskunft   5. Bargeld   6. Bahnhof   B. 1. der Bus / das Angebot / der Zug / das Flugzeug
2. die Gepäckaufbewahrung / die Fahrkarte / die Platzkarte / der Personalausweis   3. das Reisebüro /
der Handschuh / die Busreise / der Reiseführer   4. der Anschluss / die Abfahrt / die Auskunft / die
Ankunft   5. das Gleis / der Bahnhof / der Bahnsteig / das Bargeld   6. das Taxi / der Bahnhof / die
Busse / das Auto

Aktivität 2   *Answers may vary. Possible answers:*   A. 1. aktiv   2. schnell   3. unsicher *oder:* gefährlich
4. laut   5. jung *oder:* neu   B.   1. der Zug   2. die Kamera   3. die Auskunft   4. die Fahrkarte
C. 1. dem Zug   2. Auskunft / die Fahrkarte *oder:* seine Fahrkarte   3. die Kamera *oder:* seine Kamera
oder: eine Kamera

Aktivität 3   A. 1. a   2. b   3. c   4. a, c   5. b, c   6. b   7. a, c   B. 1. Hast du den Reiseprospekt?
2. Hast du die Tour schon gebucht?   3. Hast du deine Fahrkarte schon gekauft?   4. Vergiss deine
Kamera nicht!

Aktivität 4   B.   1. an der Aller., in der Heide im Bundesland Niedersachsen.   2. segeln., wandern.
3. eine idyllische Landschaft., 80 Kilometer markierte Wanderwege.   4. einen Segelkurs machen.,
tagelang wandern.   5. einen internationalen Mühlenpark., viele Windmühlen.   6. eine historische
Altstadt., behagliche Gastlichkeit.   7. Wälder., Flüsse.   8. Auskünfte bekommen., Reiseprospekte
bekommen.   9. Pauschalangeboten fragen., Unterkunft fragen.

Aktivität 5   1. h   2. e   3. g   4. f   5. a   6. b   7. c   8. d

Aktivität 6   A.   2. der Fahrkartenschalter   3. der Fahrplan   4. die Auskunft   5. die
Gepäckaufbewahrung   6. der Zug   7. der Bahnsteig   8. das Gleis   B. Frau Lüttge macht eine Reise
mit dem <u>Zug</u>. Sie ist mit einem Taxi zum <u>Bahnhof</u> gefahren. Dann trägt sie ihr Handgepäck in die
Bahnhofshalle. Sie geht gleich an den <u>Fahrkartenschalter</u>, wo sie ihre Fahrkarte kauft.
   Sie isst etwas im Bahnhofsrestaurant und geht dann zum <u>Bahnsteig</u>, wo ihr Zug zehn Minuten
später auf <u>Gleis</u> 4 abfährt.

Aktivität 7   A: Drei Fahrkarten nach Wiesbaden bitte.   B: Fahren Sie zusammen? A: Ja, wir
fahren zu dritt.   B: Einfach oder hin und zurück? A: Hin und zurück. Zweiter Klasse.   B: Der
nächste Zug fährt in vierzig Minuten ab. A: Müssen wir umsteigen?   B: Ja, Sie haben in Frankfurt
Anschluss.

Aktivität 8   9 4 1 8 7 2 13 11 5 10 6 3 12

Grammatik im Kontext   Übung 1   1. Wer fährt am schnellsten?   2. Wer ist am freundlichsten?
3. Wer reist am meisten?   4. Wer ist am interessantesten?   5. Wer spricht am lautesten?

Übung 2   1. einen schnelleren Bus   2. billigere Fahrkarten   3. ein besseres Navi   4. eine kleinere
Kamera   5. ein größeres Zelt   6. einen schöneren Strand

Übung 3   1. höchste / am höchsten   2. ältesten / am ältesten   3. interessanteste / am interessantesten
4. größte / am größten   5. schnellsten / am schnellsten   6. längste / am längsten

Übung 4   A: gutes   B: besseren / beste   C: kleines   D: größeres / größte   E: alten   F: schönste /
ältesten   G: jüngsten   H: Jüngere / ältere

Übung 5   1. Österreich ist ein kleines Land, die Schweiz ist ein kleineres Land, aber Liechtenstein ist
das kleinste Land.   2. Die Zugspitze ist ein hoher Berg, der Großglockner ist ein höherer Berg, aber
die Dufourspitze ist der höchste Berg.   3. München ist eine große Stadt, Hamburg ist eine größere
Stadt, aber Berlin ist die größte Stadt.

Übung 6   1. Ich möchte etwas Modernes sehen.   2. Ich will etwas Interessantes kaufen.   3. Ich
möchte etwas Romantisches hören.   4. Ich will im Urlaub nichts Technisches lesen.   5. Dieses
Wochenende will ich nichts Sportliches machen.   6. Dieses Jahr möchte ich nichts Teures planen.
7. Ich will viel Ungewöhnliches fotografieren.

Übung 7   1. Ich plante eine Autofahrt.   2. Ich machte einen Fahrplan.   3. Ich brauchte eine Unterkunft
in der Stadt.   4. Ich buchte ein Zimmer in einer Pension.   5. Die Autofahrt dauerte sechs Stunden.
6. Ich konnte den Stadtplan nicht verstehen.   7. Ich musste Passanten nach dem Weg fragen.   8. Ich
dankte ihnen für die Hilfe.   9. An der Rezeption der Pension füllte ich das Ammeldeformular aus.
10. Ich übernachtete in einem kleinen Zimmer im ersten Stock.   11. Das Zimmer hatte Zentralheizung.
12. Um sechs Uhr wachte ich auf.   13. Ich duschte mich und frühstückte.   14. Ich bezahlte die Rechnung.
15. Dann war ich wieder unterwegs.   16. Es war nichts Spannendes.

Übung 8   Herr Kleist <u>wollte</u> für seinen Urlaub sehr wenig Geld ausgeben. Er <u>ging</u> ins Reisebüro und
<u>sprach</u> mit Herrn Vogt über Preise für Fahrkarten und Pensionen. Er <u>fand</u> alles viel zu teuer.
  Herr Vogt <u>fragte</u> ihn darauf: „Haben Sie schon einmal eine Tour durch unsere Stadt gemacht?"
  Herr Kleist <u>antwortete</u>: „Nein, das habe ich noch nicht gemacht."
  Herr Vogt <u>schlug vor</u>: „Bleiben Sie doch zu Hause, und lernen Sie unsere Stadt besser kennen."
Herr Kleist <u>war</u> damit einverstanden.
  Er <u>verbrachte</u> also seinen Urlaub zu Hause. Er <u>fand</u> viel in der Stadt zu tun und sich anzuschauen.
Er <u>machte</u> drei Stadtrundfahrten, <u>ging</u> durch die Parks spazieren, und so <u>lernte</u> er seine eigene Stadt
kennen. Sonntags <u>besuchte</u> er Museen, und danach <u>lud</u> er Freunde zu sich <u>ein</u>. Nachmittags <u>arbeitete</u>
er im Garten, und abends <u>saß</u> er stundenlang im Wohnzimmer und <u>sah fern</u>. Sein Urlaub zu Hause
<u>war</u> schöner als alle Reisen.

Übung 9   1. Als Kevin im Reisebüro war, sprach er mit einem Reiseleiter.   2. Als Anna das Angebot
sah, wollte sie sofort eine Fahrkarte kaufen.   3. Als Alexander mit dem Taxi fuhr, dauerte die Fahrt
zum Bahnhof nur zehn Minuten.   4. Als Corinna in Mainz war, übernachtete sie in einer
Jugendherberge.   5. Als Jennifer am Bahnhof ankam, fuhr der Zug ab.   6. Als Patrick den Tag am
Strand verbrachte, brachte er kein Sonnenschutzmittel mit.   7. Als Laura den Fahrplan las, machte sie
Reisepläne.   8. Als Sebastian aus dem Hotelzimmer ging, vergaß er den Schlüssel.

Übung 10   1. Was hatte Hape Kerkeling schon gemacht, bevor er die Pilgerreise machte?   2. Wohin
war er schon gereist, bevor er nach Spanien abfuhr?   3. Was hatte er schon gelernt, bevor er in
Spanien ankam?   4. Was wollte er machen, nachdem er nach Deutschland zurückgekommen war?

Sprache im Kontext   Lesen   A.   1. Deutschland, die Schweiz, Liechtenstein, Österreich/Liechtenstein
2. Bodensee, Zürichsee, Walensee/der Bodensee/der Walensee   3. Zürich   4. circa 355 Kilometer
B.   *Answers may vary.*   1. am dritten Tag (*oder:* am siebten Tag)   2. am sechsten Tag (*oder:* am achten
Tag)   3. als eine der schönsten und besterhalten mittelalterlichen Kleinstädte im deutschsprachigen
Raum   4. der größte Wasserfall Europas   5. Schaffhausen   6. startende und landende Flugzeuge
7. die schöne Altstadt, die Promenade oder eines der Museen besuchen   8. am fünften Tag   9. in

das Fürstentum Liechtenstein und dann in Österreich in Feldkirch   10. Vaduz   11. Man passiert das größte Süßwasserdelta Europas, das Naturgebiet Rheindelta.   12. Streuobstwiesen und kleine Fachwerkdörfer

Na klar! *Answers will vary slightly.* Letzten Sommer reisten zehn amerikanische Studenten und Studentinnen nach Europa. Die jungen Leute fuhren am ersten Juli von Boston ab. Sie nahmen Koffer, Rucksäcke, Kameras, Reiseschecks, Reiseführer, Bargeld und Personalausweise mit. Sie hatten schon alle ihre Pläne gemacht. Sie waren ins Reisebüro gegangen, hatten die Reiseprospekte gelesen, die Fahrkarten gekauft und die Unterkünfte gebucht. Sie kamen am Flughafen in Frankfurt an und übernachteten in dieser Stadt. Am nächsten Morgen fuhren sie mit dem Bus zum Bahnhof. Sie stiegen in einen Zug ein und begannen ihre Tour der deutschsprachigen Länder. Sie kamen nach Boston zurück, nachdem sie durch Deutschland, die Schweiz und Österreich gefahren waren.

Kapitel 11

Alles klar?   1. c, d   2. a, b   3. b, c   4. b, d   5. b, c

Wörter im Kontext   Aktivität 2   1. Beruf / Chef / selbstständig / verdienen   2. Gelegenheit / Firma / im Ausland   3. interessiere / Klinik / im Freien   4. Stelle / Gehalt

Aktivität 3   1. sich / beschäftigt   2. mich / vorbereiten   3. sich / bewirbt   4. besitzen   5. verdient   6. nachdenken

Aktivität 4   1. Rechtsanwältin   2. Geschäftsmann   3. Zeichnerinnen   4. Bibliothekarin   5. Dolmetscher   6. Kauffrau   7. Künstler   8. Zahnärztin   9. Informatiker   10. Mechaniker   11. Psychologin   12. Journalisten

Aktivität 5   *Some answers may vary.*   1. ein Informatiker / eine Informatikerin   2. ein Zeichner / eine Zeichnerin   3. ein Mechaniker / eine Mechanikerin   4. ein Geschäftsmann / eine Geschäftsfrau   5. ein Chef / eine Chefin   6. ein Künstler / eine Künstlerin   7. ein Kaufmann / eine Kauffrau   8. Ärzte und Ärztinnen   9. mit einem Rechtsanwalt / mit einer Rechtsanwältin   10. ein Zahnarzt / eine Zahnärztin   11. ein Schauspieler / eine Schauspielerin   12. ein Bibliothekar / eine Bibliothekarin

Aktivität 6   A. l. der Arbeiter / die Arbeiterin   2. die Mitarbeiter / die Mitarbeiterinnen   3. die Arbeitgeber / die Arbeitgeberinnen   4. der Arbeitsplatz   5. das Arbeitsamt   6. die Bewerbung   7. das Bewerbungsformular   8. der Berufsberater / die Berufsberaterin   9. die Beratung   10. die Stelle   11. das Stellenangebot   B. 1. B   2. A   3. A   4. A, B   5. B   6. B   7. A   8. A   9. B   10. B   C. 1. Arbeitsplatz   2. Bewerbungsformular   3. Lebenslauf   4. Zeugnis   5. Bewerbungsunterlagen   6. Vorstellungsgespräch   7. Stelle   8. Gehalt

Grammatik im Kontext   Übung 1   1. An diesen Tagen wird es bedeckt (*oder:* bewölkt *oder:* wolkig) sein.   2. Am Mittwoch wird es regnen.   3. Es wird donnern und blitzen. (*oder:* Es wird Gewitter geben.)

Übung 2   1. Du wirst wohl Bücher übersetzen.   2. Max und Julia werden wohl im Ausland wohnen.   3. Tobias wird wohl großen Erfolg haben.   4. Ich werde wohl bei einer Bank arbeiten.   5. Wir werden uns wohl mit Politik beschäftigen.   6. Ihr werdet wohl einen Beruf im künstlerischen Bereich ausüben.

Übung 3   1. das   2. der   3. den   4. dessen   5. deren   6. die

Übung 4   1. b   2. e   3. f   4. c   5. a   6. d

Übung 5   1. Soll ich ein Buch lesen, dessen Autorin in der Industrie sehr engagiert war?   2. Soll ich einen Roman lesen, dessen Hauptcharakter ein erfolgreicher Geschäftsmann ist?   3. Soll ich Magazinartikel lesen, die meine Traumkarriere beschreiben?   4. Soll ich diesen Artikel lesen, der viele Statistiken gibt?   5. Soll ich das Stellenangebot online lesen, das mich am meisten interessiert?

Übung 7   A.   1. Was für einen Menschen wird so eine Anzeige interessieren?   2. Was für Interessen muss ein Bewerber haben?   3. Was für Menschen werden sich bei so einer Firma bewerben?   4. Mit was für einem Gimmick präsentiert man diese Stelle?   5. Was für eine Zeitschrift empfiehlt man in dieser Stelle als Werbeträger?   6. Bei was für einer Firma arbeitet Herr Magister Bogner?   B.   1. c   2. b, c, d   3. a, b, c, d

Übung 8   1. Das ist nicht Herr Königs Krone.   2. Der Hauswirt hat die Krone nicht auf den Briefkasten gestellt.   3. Herr Königs Frau hat ihm diese Krone nicht gekauft.   4. Die Krone gefällt dem Hauswirt nicht.   5. Der Mann, der spricht, ist nicht der Hauswirt.   6. Herr König muss nicht aus seiner Wohnung kommen.   7. Er muss die Krone nicht entfernen.   8. Herr König trägt die Krone nicht gern.

Übung 9   1. Nein, er glaubt nicht, dass er dafür qualifiziert ist.   2. Nein, sie will sich nicht darum bewerben.   3. Nein, sie kennt sie nicht.   4. Nein, sie hat sie nicht angerufen.   5. Nein, sie hat noch keinen Termin bei ihr.   6. Nein, er wohnt nicht in der Nähe (davon).   7. Nein, er kann sich nicht daran erinnern.   8. Nein, sie haben sich noch nicht bei der Firma beworben.   9. Nein, sie hat ihn noch nicht abgeschickt.

Übung 10   1. Nein, sie ist keine Kommunikationselektronikerin mehr.   2. Nein, sie arbeitet nicht mehr bei der Post.   3. Nein, sie bekommt kein Gehalt mehr von der Post.   4. Nein, sie installiert keine Telefone mehr.   5. Nein, sie programmiert keine Mikrocomputer mehr.   6. Nein, das ist kein Job mehr für sie.

Sprache im Kontext   Lesen   A. 1. b   2. d   3. f   4. a   5. e   6. c   B. 3   C. *Answers will vary.* 1. fit und gesund   2. sich auch in Behörden verständlich machen können   3. hoch genug für die Lebenshaltungskosten im Wunschland   4. mindestens ein Jahr   5. Informationen über Formalitäten, die man unbedingt beachten muss   6. wertvolle Tipps

Kapitel 12

Alles klar?   A. 8. die Bäume   6. das Dach   4. das Dachgeschoss   1. das Einfamilienhaus   3. das Erdgeschoss   5. das Fenster   9. das Gras   7. der Himmel   2. die Treppe   B. *Answers will vary. Possible answers:*   Das ist ein Einfamilienhaus. Es hat Haushaltsgeräte, nämlich eine Spülmaschine und einen Mikrowellenherd in der Küche und irgendwo im Haus eine Waschmaschine und einen Wäschetrockner. Es hat eine Frühstücksnische, wo man morgens eine Tasse Kaffee trinken kann. Es hat auch Teppichböden. Dafür braucht man bestimmt einen Staubsauger.

Wörter im Kontext   Aktivität 1   A. Miete / Strom / Wasser / Müll / Versicherung / Benzin / Reparaturen / Telefon / Studiengebühren / Hefte / Bleistifte / Kugelschreiber / Papier / CDs

Aktivität 2   A. 1. bauen   2. mieten   3. vermieten   4. ausgeben   5. vergleichen   6. sparen 7. jobben   8. einrichten   9. bitten   B. 1. ausgeben   2. bauen / Sparen / einrichten   3. jobben 4. Mieten / vermieten   5. bitten / vergleichen

Aktivität 3   1. einen Keller   2. Treppen   3. einen Eingang   4. eine Diele   5. einen Flur   6. eine Garage   7. Balkone   8. zwei Stockwerke   9. ein Dachgeschoss   10. ein Dach   11. Gästezimmer ERSTER MAULWURF: In welchem Raum kocht man denn? ZWEITER MAULWURF: Man kocht in der Küche. ERSTER MAULWURF: Wie heißt das Zimmer, in dem man isst? ZWEITER MAULWURF: Das heißt das Esszimmer. ERSTER MAULWURF: Und wie heißen die Zimmer, in denen man schläft? ZWEITER MAULWURF: Sie heißen die Schlafzimmer. ERSTER MAULWURF: Wo sieht man gewöhnlich fern? ZWEITER MAULWURF: Im Wohnzimmer. ERSTER MAULWURF: Und in welchem Raum badet man? ZWEITER MAULWURF: Im Badezimmer.

Aktivität 5   1. c   2. e   3. g   4. f   5. b   6. h   7. a   8. d

Grammatik im Kontext   *Answers may vary slightly. Possible answers:*   **Übung 1**   1. Ja, ich habe mich darüber gefreut. (*oder:* Nein, ich habe mich darüber nicht gefreut.)   2. Ja, ich habe mich darauf gefreut. (*oder:* Nein, ich habe mich nicht darauf gefreut.)   3. Ja, ich musste immer lange darauf warten. (*oder:* Nein, ich musste nicht immer lange darauf warten.)   4. Ja, ich interessiere mich dafür. (*oder:* Nein, ich interessiere mich nicht dafür.)   5. Ja, ich interessiere mich dafür. (*oder:* Nein, ich interessiere mich nicht dafür.)   6. Ja, ich habe Angst davor. (*oder:* Nein, ich habe keine Angst davor.)   7. Ja, ich denke oft darüber nach. (*oder:* Nein, ich denke nicht oft darüber nach.)   8. Ja, ich ärgere mich manchmal darüber. (*oder:* Nein, ich ärgere mich nie darüber.)   9. Ja, ich beschäftige mich damit. (*oder:* Nein, ich beschäftige mich nicht damit.)   10. Ja, ich gebe viel Geld dafür aus. (*oder:* Nein, ich gebe nicht viel Geld dafür aus.)   11. Ja, ich gehe oft dahin. *oder:* Ja, da gehe ich oft hin. (*oder:* Nein, ich gehe nur selten [nicht oft, fast nie, nie] dahin.)   12. Ja, ich tue etwas dafür. (*oder:* Nein, ich tue nichts dafür.)   13. Ja, ich studiere daneben. (*oder:* Nein, ich studiere nicht daneben.)

Übung 2   1. Wovor hast du Angst?   2. Woran denkst du?   3. Worauf wartest du?   4. Worauf freust du dich?   5. Womit beschäftigst du dich?   6. Worüber freust du dich?   7. Worum bittest du?   8. Worüber ärgerst du dich?

Übung 3   1. Was hätten Sie gern?   2. Ich hätte gern eine Tasse Tee.   3. Ich möchte gern eine Tasse Kaffee.   4. Würden Sie mir bitte den Marmorkuchen beschreiben?   5. Ich könnte Ihnen ein Stück Marmorkuchen zeigen.

Übung 4   *Answers may vary slightly. Possible answers:*   1.   Würdest du mir bitte helfen?   2. Würdest du mich bitte morgen anrufen?   3. Würdet ihr bitte am Samstagmorgen vorbeikommen?   4. Würdet ihr bitte eure Fotos mitbringen?   5. Würden Sie mir bitte die Wohnung beschreiben?   6. Würden Sie bitte damit aufhören?

Übung 5   1. Du solltest nicht so schnell fahren. Ich würde nicht so schnell fahren.   2. Du solltest nicht so viel Geld ausgeben. Ich würde nicht so viel Geld ausgeben.   3. Ihr solltet nicht so viel Zeit am Strand verbringen. Ich würde nicht so viel Zeit am Strand verbringen.   4. Ihr solltet nicht auf so viele Partys gehen. Ich würde nicht auf so viele Partys gehen.

Übung 6   1. Wenn die Ferien nur länger wären! (*oder:* Wenn die Ferien nur nicht so kurz wären!)   2. Wenn wir nur nicht Tag und Nacht arbeiten müssten! (*oder:* Wenn wir nur nicht Tag und Nacht zu arbeiten brauchten!)   3. Wenn ich nur mehr Geld hätte! (*oder:* Wenn ich nur nicht so wenig Geld hätte!)   4. Wenn die Mieten in dieser Stadt nur nicht so hoch wären! (*oder:* Wenn die Mieten in dieser Stadt nur niedriger wären!)   5. Wenn Häuser nur nicht so viel Geld kosteten! (*oder:* Wenn Häuser nur weniger kosteten!)   6. Wenn ich mir nur ein neues Auto kaufen könnte!

Übung 7   *Answers will vary. Possible answers:*   1. Ich möchte mehr Zeit zum Arbeiten (*oder:* mehr Freizeit) haben. *oder:* Ich hätte lieber mehr Zeit zum Arbeiten (*oder:* mehr Freizeit). *oder:* Mehr Zeit zum Arbeiten (*oder:* Mehr Freizeit) wäre mir lieber.   2. Ich möchte lieber mehr Zeit (*oder:* mehr Geld) haben. *oder:* Ich hätte lieber mehr Zeit (*oder:* mehr Geld). *oder:* Mehr Zeit (*oder:* Mehr Geld) wäre mir lieber.   3. Ich möchte lieber zwei Karten für ein Rapkonzert (*oder:* für die Oper) haben. *oder:* Ich hätte lieber zwei Karten für ein Rapkonzert (*oder:* für die Oper). *oder:* Zwei Karten für ein Rapkonzert (*oder:* für die Oper) wäre mir lieber.   4. Ich möchte lieber ein Haus am Strand (*oder:* ein Haus im Wald) haben. *oder:* Ich hätte lieber ein Haus am Strand (*oder:* ein Haus im Wald). *oder:* Ein Haus am Strand (*oder:* Ein Haus im Wald) wäre mir lieber.   5. Ich möchte lieber einen neuen Sportwagen (*oder:* ein neues Segelboot) haben. *oder:* Ich hätte lieber einen neuen Sportwagen (*oder:* ein neues Segelboot). *oder:* Ein neuer Sportwagen (*oder:* Ein neues Segelboot) wäre mir lieber.   6. Ich möchte lieber eine Reise nach Afrika (*oder:* eine Reise nach Australien) machen. *oder:* Ich würde lieber eine Reise nach Afrika (*oder:* eine Reise nach Australien) machen. *oder:* Eine Reise nach Afrika (*oder:* eine Reise nach Australien) wäre mir lieber.

Übung 8   *Answers may vary. Possible answers:* A. 1. gut / schlecht   2. die fehlende Sauberkeit in Gemeinschaftsräumen / die geringe Größe des Wohnbereichs

Übung 9   A. 1. wie es hätte laufen können.   2. Es ist … nicht so gelaufen,   3. *It just didn't happen the way it could have happened. (or: Nothing went the way it could have gone. or: Things just didn't run the way they could have.)* B. *Answers will vary slightly. Possible answers:*   1. Wenn ich nur mehr Geld gespart hätte!   2. Wenn wir nur sparsamer gewesen wären!   3. Wenn ich nur auf ein neues Auto (*oder:* einen neuen Wagen) verzichtet hätte.   4. Wenn unsere Freunde nur nicht so viel Geld ausgegeben hätten!   5. Wenn sie uns nur unterstützt hätten.   6. Wenn ich nur das ganze Jahr gejobbt hätte!   7. Wenn du nur verantwortlicher gewesen wärst!

Sprache im Kontext   Lesen A. 1. e   2. f   3. i   4. a   5. b   6. j   7. h   8. c   9. d   10. g   B. *Answers will vary. Possible answers:*   1. in Thalkirchen *oder:* in München   2. Laura   3. ein Papagei *oder:* eine Graupapageien-Dame   4. Ludwig Vogelrieder   5. seit achtzehn Jahren   6. fliegt ins Viertel   7. kommt zurück   8. viele Menschen im Viertel   9. am 12. Oktober   10. sechs Wochen   C. 5, 7, 2, 8, 1, 4, 6, 3

Kapitel 13

Alles klar? A. 1. a, b, c, or d 2. c, e B. 2. Münchner Merkur (*oder:* Süddeutsche Zeitung)
3. Frankfurter Rundschau 4. Saarbrücker Zeitung 5. Süddeutsche Zeitung (*oder:* Münchner Merkur)

Wörter im Kontext Aktivität 1 1. Sie ist eine Morgenzeitung. 2. Sie ist eine Tageszeitung. 3. Sie
informiert über das Geschehen in aller Welt, aus Politik, Wirtschaft und Kultur. 4. Sie hat über
105 000 Leser. 5. Sie existiert seit 1783.

Aktivität 2 1. die Schlagzeilen 2. die Nachrichten 3. die Lokalnachrichten 4. die Wirtschaft
5. Politik 6. die Börse 7. das Horoskop

Aktivität 3 1. Was hätte ich denn machen sollen? 2. Auf dem Kinderkanal kommt um diese Zeit
doch nichts mehr. (*oder:* Es ist spät. Auf dem Kinderkanal kommt heute Abend nichts mehr.) 3. d. eine
Detektivsendung / einen Krimi 4. „Tatort" 5. *Answers will vary.*

Aktivität 4 1. Computer 2. Drucker 3. Telefon 4. Anrufbeantworter 5. Faxgerät

Aktivität 5 1. Erfindung 2. Camcorder (*oder:* Videogerät) 3. Ausland 4. Abonnement
5. überfliegt 6. gescheit 7. blöd 8. die Zeitschrift 9. anschauen

Aktivität 6 A. 1. Dokumente drucken 2. E-Mails schicken und empfangen 3. Zeitschriften
abonnieren 4. die Schlagzeilen täglich überfliegen 5. die Nachrichten aufnehmen 6. im Internet
forschen

Grammatik im Kontext Übung 2 1. Es scheint ein Bauernhaus zu sein. 2. Das Haus scheint in
der Nähe des Mondsees zu sein. 3. Es scheint total renoviert zu sein. 4. Es scheint in einer sonnigen
Lage zu sein. 5. Der Preis des Hauses scheint höher als 500 000 Euro zu sein.

Übung 3 FRAU WERNER: Wir brauchen keine Haushaltsgeräte zu kaufen. / Wir brauchen uns keinen
Computer und keinen Drucker anzuschaffen. / Wir brauchen uns keinen größeren Fernseher zu kaufen. /
Wir brauchen keine Zeitungen und Zeitschriften zu abonnieren. / Wir brauchen nicht unsere ganzen
Freunde zu uns einzuladen.

Übung 4 *Answers may vary slightly. Possible answers:* 1. Man würde in einem Dorf wohnen wollen, um
sich schöne Landschaften anzuschauen. 2. Man sollte Helmstedt besuchen, um durch die historische
Altstadt spazieren zu gehen. 3. Man sollte Helmstedt wählen, um Rad zu fahren, zu angeln, zu reiten
und Tennis zu spielen. 4. Man sollte die Ferien in Helmstedt verbringen, um sich zu entspannen und
sich zu erholen. 5. Man sollte an das Fremdenverkehrsamt schreiben, um Informationen zu bekommen.

Übung 5 1. Du bleibst fit, um einen Marathon zu laufen. 2. Die Kinder machen den Fernseher an,
um „Die Simpsons" zu sehen. 3. Benjamin schaltet den Computer an, um an seinen Hausaufgaben zu
arbeiten. 4. Anna setzt sich aufs Sofa hin, um eine Zeitschrift zu lesen. 5. Wir programmieren den
Fernseher, um unsere Lieblingssendung aufzunehmen. 6. Ich schaue mir die Nachrichten an, um mich
über aktuelle Themen zu informieren.

Übung 6 Man sagt, Bronski <u>sei</u> unser Mann in der FR-Redaktion. Er <u>sorge</u> dafür, dass unsere Meinung
ins Blatt und ins Blog kommt. Er <u>repräsentiere</u> unsere Interessen gegenüber Redakteuren. Er korrigiere
unsere Grammatik, und er <u>kümmere</u> sich um unsere Wünsche. Man sagt, er <u>habe</u> direkten Zugang zur
Chefredaktion und er <u>sei</u> unser Mittelsmann zur Redaktion.

Übung 7 1. Der Zeuge antwortete: „Der Dieb ist um halb elf aus der Bank gelaufen." 2. Eine
Bankangestellte sagte: „Ich habe den Dieb so genau wie möglich beschrieben." 3. Sie erklärte: „Der
Dieb hat eine Maske getragen." 4. Der Polizist fragte: „Ist der Dieb allein gewesen?" 5. Der Zeuge
behauptete: „Der Dieb ist in einem schwarzen Mercedes weggefahren." 6. Er sagte auch: „Ich habe
eine Frau am Steuer gesehen."

Sprache im Kontext Lesen A. Titel / Tag / Tageszeit / Programm B. SENDUNG 1: *Liebe macht
erfinderisch;* Jörg Schneider, Paul Bühlmann, Birgit Steinegger, Peter W. Staub; der Taxifahrer Hugo Meier,
seine zwei Ehefrauen; ein Taxifahrer hat zwei Wohnungen und zwei Ehefrauen; Komödie; SA 20.10
SF1 SENDUNG 2: *Die Frisöse und der Millionär;* Eva Habermann, Ivo Möller; die Friseuse Anna, der

11-jährige Nick, der steinreiche Philipp Steinmann; der Junge unterbricht Annas Suche nach einem reichen Mann; keine Information; SO 20.15 RTL SENDUNG 3: *Die Metzger*; keine Information; Ferdinand Schmölling, seine Mieterin, seine Tochter, drei Kurden; die Ausländer sind unerwünscht, bis sie sich dem Metzger beweisen; Komödie; MO 20.15 ZDF SENDUNG 4: *Blind Date – Flirt mit Folgen*; keine Information; Louisa, zwei Kinder, Christa; Louisa tritt bei einer Fernsehshow für Christa an; keine Information; DI 20.15 PRO 7. C. 1. d 2. a 3. b 4. c

Kapitel 14

Alles klar? A. eine Demonstration, das Brandenburger Tor, eine Darstellung vom trojanischen Pferd, Menschenmassen, viele Demonstranten B. 1. c 2. b 3. a

Wörter im Kontext Aktivität 1 1. d 2. c 3. a 4. b 5. c 6. b 7. d 8. c

Aktivität 2 *Answers may vary. Likely answers:* 2. die Armut 3. der Hunger 4. die Drogensucht 5. die Obdachlosigkeit 6. die Ausländerfeindlichkeit 7. die Korruption 8. die Gewalttätigkeit 9. die Umweltverschmutzung 10. der Klimawandel 11. der Terrorismus 12. der Rassismus 13. der Extremismus

Aktivität 3 *Answers may vary. Possible answers:* 1. die Wegwerfflasche – 2. die Sammelstelle + 3. die Fußgängerzone + 4. das Haushaltsgerät ? 5. die Umweltverschmutzung – 6. die Getränkedose ? 7. das Windrad + 8. die Verpackung –

Aktivität 4 1. teilnehmen 2. kaufen (*oder:* wählen *oder:* vorziehen) 3. Halten 4. wählen / schützen 5. vermindern 6. engagieren

Aktivität 5 *Answers will vary. Possible answers:* 1. Der Leser liest gern „Blitz". 2. Er wünscht sich diese Publikation in einer umweltfreundlicheren Verpackung wie recycletem Papier. 3. Er glaubt, die Leser würden das akzeptieren. 4. Die Redaktion hat noch keine akzeptable Alternative gefunden.

Aktivität 6 *Answers will vary. Possible answers:* 1. Öffentliche Verkehrsmittel? Ich bin dafür. 2. Umweltverschmutzung? Ich bin dagegen. 3. Umweltfreundliche Verpackung? Wie kann das sein? 4. Sauberer Abfall? So ein Unsinn! 5. Meiner Meinung nach brauchen wir mehr Sammelstellen. 6. Ich bin der Meinung, dass alles möglich ist.

Grammatik im Kontext Übung 1 1. wurde / gespielt / Wer ist Marlene Dietrich? 2. wurde / zerstört / Was ist die „Hindenburg"? 3. wurde / gefeiert / Was ist der 3. Oktober? 4. wurde / kontaminiert / Was ist Tschernobyl? 5. wurde / geschrieben / Was ist „Faust"?

Übung 2 *Answers will vary slightly.* 1. Diese Idee wurde von Sigmund Freud entwickelt. 2. Diese Sportwagenfirma wurde von Ferdinand Porsche etabliert. 3. Dieser Film wurde von Rainer Werner Fassbinder gemacht. 4. Dieser Roman wurde von Ingeborg Bachmann geschrieben. 5. Dieser Architekturstil wurde von Walter Gropius gegründet. 6. Die erste Raumrakete wurde von Wernher von Braun entwickelt. 7. Diese Novelle wurde von Günter Grass geschrieben. 8. Diese Bilder wurden von Käthe Kollwitz geschaffen. 9. Diese Wahl wurde von Angela Merkel gewonnen. 10. Über diese Krankheit wurde von Alois Alzheimer geforscht.

Übung 3 1. Wer stellt die Fragen „Wer ist Freund?" und „Wer ist Feind?"? 2. Wer erzählt die Geschichte? Antwort: Thomas Bohn. 3. Wer hat das Buch geschrieben? Antwort: Thomas Bohn. 4. Wie bringt man Klarheit in die Machenschaften des russischen Drogenrings? 5. Wer spielt die Rolle des schwarzgelockten (schwarzhaarigen) Sohnes des Kommissars? Antwort: Fjodor Olev.

Übung 4 1. Hier wird ein großes Sommerfest gefeiert. 2. Musik zum Tanzen wird gespielt. 3. Die Musik vom Tanzorchester „Lex van Wel" wird gehört. 4. Hier wird gesungen und gelacht. 5. Hier wird Bier und Wein getrunken.

Übung 5 *Answers may vary slightly. Possible answers:* 1. in Räumen, in denen weder Speisen noch Getränke angeboten werden 2. in geschlossenen Räumen, in denen Getränke und Speisen serviert werden 3. Wer raucht, wird aufgefordert, das Lokal zu verlassen. 4. in separaten Zonen in Restaurants, die größer als 100 Quadratmeter sind 5. der Besitzer des Lokals 6. in Frankreich, Irland, Norwegen und in der Schweiz 7. in Irland / bis zu 3 000 Euro 8. in Norwegen

Übung 6   1. Hier feiert man ein großes Sommerfest.   2. Man spielt Musik zum Tanzen.   3. Man hört die Musik vom Tanzorchester „Lex van Wel".   4. Hier singt und lacht man.   5. Hier trinkt man Bier und Wein.

Übung 7   1. Man kann Vorschläge für Umweltschutz in Anzeigen geben.   2. Man kann Umweltschutz durch gezielten Einkauf praktizieren.   3. Man kann umweltfreundliche Produkte produzieren, deren Inhaltstoffe biologisch abbaubar sind.   4. Man kann Produkte produzieren, die wenig Abfall produzieren und die die Natur so wenig wie möglich belasten.   5. Man kann auf Verpackung achten.   6. Man kann Waren vermeiden, die in überflüssigem Plastik verpackt sind. 7. Man kann umweltfreundliche Produkte günstig anbieten. **Was ist Krone?** b.

Übung 8   1. zunehmende, verbreitende   2. kommenden   3. beginnende   4. schlafende   5. jaulenden 6. folgenden, lachenden

Sprache im Kontext   Lesen   A. und B.: *Answers will vary.*   D. *Answers will vary. Possible answers:* 1. die Inselbewohner/innen im Südpazifik   2. a Die Treibhausgasemissionen steigen weiterhin. b. Die Temperatur im Alpenraum hat sich erhöht.   3. ein Klimaschutzgesetz für Österreich   4. sinkende Emissionen in Österreich

Credits

Grateful acknowledgment is made for use of the following material: **Page 3** Guten Morgen: *Aachener Volkzeitung;* Danke mouse: PaperArt Holland; **10** Volkswagen AG; **24** www.seitensprung.net; **26** Courtesy of DER STANDARD, "STANDARD-Leserinnen beweisen Haltung"; **29** © Goldmann Verlag; **44** www.emailleschilder.com; **46** Courtesy of ImPulsTanz-Vienna International Dance Festival. Photo: © N. Höbling, Dans.Kias/Saskia Höbling "Jours Blancs"; **55** Photo courtesy of Paul Listen; **69** Kommst du bald: Galerie i.d. Töpferstube; **70** Used with permission of Alain Debouillon; **71** Courtesy of Verlag Kiepenheuer & Witsch, Cologne; **75** Book ad: Courtesy of Deutscher Taschenbuch Verlag GmbH & Co. KG; Munch painting on cover of book: Edvard Munch, "The Dance of Life," 1899–1900. © 2010 The Munch Museum/The Munch-Ellingsen Group/Artists Rights Society (ARS), NY; **83** Fritz Paulisch GmbH advertisement used by permission; **86** Courtesy of Natural-Life Naturmarkt Jonas; **97** *Fit for Fun—Fit for Flirt*, 2/2002, s. 88; **106** Restaurant Zum Webertor; Restaurant Zum Klösterl; Restaurant La Bodega, Munich; **109** *P.M.*/Hurzlmeier; **112** Deutsches Theater, Munich; **116** Opera GmbH & Co, Bonn; **126** Deutscher Wetterdienst Seewetteramt; **130** AKAD, Die Privat-Hochschulen GmbH; **136** Sperper Brauereigasthof-Hotel. Reprinted with permission of Christian Sperber; **147** Courtesy of Universität Leipzig, Uni-Journal 4/25, photo Randy Kühn; **155** *Apotheken Umschau: Das Aktuelle Gesundheits-Magazin*, Wort & Bild Verlag; **158** Reprinted with permission of Manfred von Papan; **165** Text: *Deutschland* magazine; photo: Sabine Wenzel/OSTKREUZ; **169** Stadt Bonn, Amt für Wirtschaftsförderung und Tourismus; **171** *TV Hören und Sehen*; **173** Stadt Münster, Presse- und Informationsamt, Germany; **174** Courtesy of FlashDance Media B. Landmann, Tourismus Seite der Stadt Bad Liebenwerda, http://tourismus.badliebenwerda.de; **177** Text and photo: Courtesy of Stadtprospekt Mindelheim; **195** Reisebüro © 2003 Mirror Joke/Dist. Bulls; **197** Courtesy of PiperVerlag GMBH, © Piper Verlag GmbH, München; **199** Courtesy of www.velotours.de; **212** General-Anzeiger, Bonn, Germany; **211** DWD/*Berliner Morgenpost*; **214** Handelsblatt GmbH; **216** Cartoon by Erik Liebermann/Cartoon-Caricature-Contor, Munich; **220** Courtesy of BRIGITTE-Woman 2/06; **224** *Schwimmerbad & Sauna*; **226** Copyright © Friedel Schmidt, Germany; **227** © Peter Butschkow/*Wohnidee 6/89*; **229** AKAD. Die Privat-Hochschulen GmbH (Stuttgart/Germany); **235** Deutsche Presse Argentur; **236** Cartoon by Alfred von Meysenbug, *Trau Keinem über 30. Die 68er*, © Carlsen Verlag, Hamburg, 1998; **238** Courtesy of Sendlinger Anzeiger Fürst oHG, Munich; **244** *Goslarsche Zeitung*; **245** Cartoon by Greser/Lenz; *Frankfurter Allgemeine*, June 6, 1998; **249** Courtesy of MEGAtimer International: Organizer, Trainings für strategisches Denken und zielorientiertes Handeln, 5400 Hallein, Austria www.megatimer.com; **254** Courtesy of *Frankfurter Rundschau*, German newspaper, based in Frankfurt/Main; **269** Text: *Der Spiegel*; **271** STERN 06/11, p. 40 Hier darf nicht mehr geraucht werden, © ohne credit; **274** *Berliner Morgenpost*; **276** Courtesy of klimainfo.net; **277** Logo and text: Courtesy of GLOBAL 2000—Friends of the Earth Austria.

Photo Credits
Pages 1 & 12 © Laurence Mouton/Getty Images; **3** Courtesy of the author; **15 & 28** © Klemmer/Caro/Ullstein Bild/The Image Works; **31 & 47** © Spiegl/Ullstein Bild/The Image Works; **49 & 61** © Cultura/Alamy; **63 & 77** © Ecopix—Ullstein Bild/The Granger Collection; **81 & 98** © Adam Jones/DanitaDelimont.com; **101 & 118** © Carsten Koall/Visum/The Image Works; **121 & 138** © Ed Kashi/Corbis; **141 & 157** © Ullstein Bild/ThomasRosenthal.de/Photolibrary; **159 & 179** Courtesy of Robert Di Donato; **168** © Brand X Pictures/PunchStock; **181 & 201** © Arco Images GmbH/Alamy; **203 & 221** © Sven Doering/Visum/The Image Works; **223 & 239** © altrendo images/Getty Images; **243 & 258** © John MacDougall/AFP/Getty Images/Newscom; **261 & 278** © Sean Gallup/Getty Images; **267 left** Library of Congress; **267 right** Louis Held; **268** Jim Hood, May 2005.